Der ultimative ETF FÜR EINSTEIGER Investment Guide

Wie Sie in ETFs clever investieren und enorme Gewinne erzielen können - Mit dem praxisnahen Leitfaden in kürzester Zeit zum Profi an der Börse

INHALT

Einstieg

Aufgrund der Corona-Pandemie hält die ganze Welt aktuell die Luft an. Die Menschheit steht schlagartig ohne Warnung einer der größten globalen Herausforderungen gegenüber. Zu Beginn des Jahres 2020 entsteht eine weltweite und einfach übertragbare Krankheit – Covid 19. Da es die Lungenerkrankung in dieser Form noch nicht zuvor gab, haben auch Experten, Virologen, Ärzte und Co. kein Gegenmittel für die Krankheit.

Diese breitet sich immer weiter aus und hat einige Todesfälle zur Folge. Während sich im ersten Quartal des Jahres 2021 bereits einige Länder, wie zum Beispiel England, Frankreich oder auch die Niederlande, der allgemeinen Öffnung und vollständigen Beendigung des Lockdowns gegenüberstehen, so werden Länder wie Indien mit der unkontrollierten Ausbreitung der lebensbedrohlichen Krankheit konfrontiert. Fakt ist, die Covid-19-Erkrankung und ihre Mutationen lassen sich nicht mehr aufhalten. Das Ziel muss es sein, sie kontrollieren zu können, und dies gelingt mit Impfstoffen und der Beschränkung der menschlichen Grundrechte durch Ausgangsperre, Lockdown etc.

In ganz Europa und vor allem in Deutschland wurden die einschneidenden Folgen der Pandemie in Bezug auf die Wirtschaft zu Beginn nicht wirklich ernst genommen. Mittlerweile sind aufgrund einer mangelnden finanziellen Unterstützung des Staates und vor allem des allgemeinen Lockdowns einige Unternehmen an ihren Belastungsgrenzen angekommen. Gerade die Zukunft von kleineren Betrieben, Gasthäusern und Einzelläden ist ungewiss und die verantwortlichen Menschen stehen massiven finanziellen Herausforderungen gegenüber. Allgemein werden die Menschen in der Gesellschaft darauf aufmerksam gemacht, wie massiv sich die eigene Lebenssituation auch durch äußere Einflüsse verändern kann, ohne selbst dafür verantwortlich zu sein.

Hierfür soll und muss vorgesorgt werden und mal ehrlich, wem würde nicht ein finanzielles Polster guttun, um für den Fall der Fälle etwas besser vorbereitet zu sein? Das Bedürfnis nach diesem Sicherheitsgefühl steigt und begründet sich dadurch, dass einigen Menschen vor Augen gelegt wurde, wie die eigene Existenz sich durch die Pandemie, politische Ereignisse und Entscheidungen verändern kann. Durch die globale Krise stieg das Bestreben bei einem Großteil der deutschen Bevölkerung stark an und sind wir doch mal ehrlich, wer hätte denn nicht gerne etwas mehr eigenes Vermögen?

Nun stellt sich Ihnen, völlig zurecht, die Frage – Wie soll das funktionieren? Denn in der Schule bekommen wir keine finanziellen Grundkenntnisse vermittelt und erhalten allgemein keine Kompetenzen, welche uns in Bezug auf unsere Finanzen und den eigenen langfristigen Vermögensaufbau vorbereiten. Darauf konzentrieren wir uns in diesem Buch. Sie sollen dazu befähigt werden, den eigenen Vermögensaufbau auch mit geringen Sparbeträgen und geringem Einkommen beginnen zu können und so langfristig ein finanzielles Polster zu erlangen.

Dafür ist es von großer Bedeutung, dass Sie die Grundzüge der Abläufe aus der Finanzwelt kennenlernen und somit den Zugang zum Handel an der Börse sinnvoll finden. Sie werden hierzu einiges über die Börse und das Prinzip des Geldes und deren Funktion erfahren.

Zudem werden Sie mit der Auseinandersetzung zu Ihrer Rolle in diesem System konfrontiert und dazu angeregt, dieses Verhalten möglicherweise zu verändern. Doch dieses Buch richtet sich nicht ausschließlich an Einsteiger, sondern ist mit Sicherheit auch von großem Nutzen für diejenigen unter Ihnen, die bereits seit langem an der Börse tätig sind. Denn eine Grundregel bezüglich Ihres Wissens rund um die Finanzen ist, dass Sie niemals auslernen und man sich an der Börse generell stetig weiterbildet. Zur Unterstützung für diejenigen unter Ihnen, die noch keinerlei Kenntnisse aus dem Bereich der Finanzen haben, werden Begriffe der Börse immer direkt im Anschluss erklärt. Zudem finden Sie am Ende des Buches eine Art Wörterlexikon, in welchem Sie diese Begriffe zusammengefasst aufgelistet bekommen. Somit wird es Ihnen möglich sein, dass Sie auch im Alltag nicht an einzelnen Begrifflichkeiten hängen bleiben. Zudem können Sie diese Liste nach Belieben weiter ergänzen, denn wie Sie bereits gelernt haben, die Börse verändert sich ständig und Sie müssen sich mit ihr verändern und sich weiterbilden.

Des Weiteren besagt ein altes Sprichwort des Kapitalmarktes:

„An der Börse wird die Zukunft gehandelt."

Deshalb ist es auch von großem Wert, dass Sie sich stets auf dem aktuellen Kenntnisstand befinden.

DIE BÖRSE IM AUFSCHWUNG

Der Handel an der Börse befindet sich im Aufschwung, der Handel am Kapitalmarkt verändert sich aktuell stark. Dies belegen auch die Zahlen des „Deutschen Aktieninstitutes". So haben im direkten Vergleich zum Jahre 2019 über 2,7 Millionen Menschen den Weg an die Börse gefunden und legen ihr Geld in die verfügbaren Wertpapiere an.

- **Wertpapier:** Ein Wertpapier kann als Dokument verstanden werden, welches mit bestimmten Rechten verbunden ist. Dieses Recht kann grundsätzlich von jedem ausgeübt werden, der im Besitz des Wertpapiers ist. Letztlich berechtigt sie auch ein Sparbuch dazu, dass Sie die Auszahlung eines Geldbetrages bei der jeweiligen Bank durchführen können.

Insgesamt gibt es in Deutschland nun über 12,4 Millionen Anleger, welche sich an der Börse engagieren. Diese Zahl bezieht sich auf alle Menschen der Bevölkerung, welche älter als 14 Jahre sind. Das Besondere an dem Aufschwung ist, dass sich unter den Neulingen der Börse ungefähr eine Million neue Aktiensparer*innen befinden, welche jünger als 40 Jahre sind.

DER WANDEL DER FINANZBRANCHE UND DER BÖRSE

Die Börse wird geflutet von neuen Teilnehmern am Markt und es entsteht ein großer Zuwachs in den jüngeren Generationen. Die Zahlen sprechen hierbei für sich - über eine Million neue Anleger unter 40 Jahren, eine Steigerung von fast 50 Prozent in dieser Sparte. Die Zahlen der Gesamtanleger sind so hoch wie zuletzt vor 20 Jahren.

Das ist auch bitter nötig, denn in Zeiten der aktuell eingeschlagenen „Nullzinspolitik“, welche sich in der Kombination mit der jährlichen „Inflation“ sowie der allgemeinen Unsicherheit rund um die Altersvorsorge in Deutschland befindet, macht es unumgänglich, etwas bezüglich Ihres eigenen Vermögenaufbaus zu unternehmen.

- **Nullzinspolitik:** Bei der Nullzinspolitik handelt es sich um ein sehr vielschichtiges Vorgehen, welches von den europäischen Zentralbanken initiiert wird. Dabei geht es um die Kontrolle und Regulierung der sogenannten Leitzinsen, welche aktuell auf einem Niveau von ca. 0 Prozent gehalten sind.

Durch dieses finanzielle Instrument bzw. diese Anpassungsmöglichkeit, welches der europäischen Zentralbank obliegt, kann der Wachstum der Wirtschaft gesteuert werden. Für uns heißt dies im Alltag, dass es uns durch die günstigen Leitzinsen möglich ist, sehr billige Kredite aufnehmen zu können. Allgemein bedeutet dies, je mehr Geld im aktiven Umlauf ist, desto höher sind die Umsätze in der Wirtschaft. Wir Privatanleger profitieren einerseits davon, dass wir uns durch das günstige Erlangen von Krediten Wünsche erfüllen können und insgesamt eine höhere Bereitschaft bezüglich unseres Konsumverhaltens an den Tag legen. Für die Unternehmen sind die höheren Umsätze von großer Bedeutung. Denn durch volle Auftragsbücher und somit auch Einnahmen steigt das Wachstum einer Firma. Zudem profitieren auch die Banken, da viele Menschen einen Kredit bei diesen aufnehmen. Ähnlich wie bei jedem anderen Unternehmen, können somit langfristig höhere Profite verbucht werden.

Dadurch kann die jeweilige Firma wieder das erhaltene Geld reinvestieren, wodurch wiederum andere Unternehmen Aufträge erhalten. Wie Sie bemerken, das alles ist letztlich ein Kreislauf, der sich von selbst ins Positive drehen kann, durch diese Wechselwirkungen allerdings eben auch rasch ins Negative. In der Vergangenheit lag oft eine Korrespondenz zwischen der allgemeinen Senkung der Leitzinsen und einem darauffolgenden Abschwung der Wirtschaftskonjunktur – einer sogenannten Rezession – vor.

- **Rezession:** Bei einer Phase mit einem negativen Wirtschaftswachstum bzw. einem allgemeinen wirtschaftlichen Abschwung ist die Rede von einer Rezession. Grundsätzlich kann dies durch das Bruttoinlandprodukt bzw. dessen Zahlen messbar gemacht werden - und zwar, wenn dieses in zwei aufeinanderfolgenden Quartalen im Vergleich zu den vorherigen nicht mehr ansteigt bzw. sogar rückläufig ist.

- **Inflation:** Bezüglich des Aufschwungs der Börse wurden Sie bereits mit dem Begriff der Inflation konfrontiert. Der Begriff der Inflation wird in den sozialen Medien und den Nachrichten oft verwendet, doch nur Wenige wissen wirklich, was darunter zu verstehen ist. Von einer Inflation ist die Rede, wenn „eine Geldentwertung durch Preiserhöhungen stattfindet, man erhält für dieselbe Geldeinheit weniger Waren als bisher“ (https://debitoor.de/lexikon/inflation).

Bei einer Inflationsrate von jährlich ca. 2 Prozent bedeutet dies, dass Sie theoretisch nach 50 Jahren, in welchen Sie Ihr Geld lediglich auf der Bank herumliegen lassen, nun nicht mehr in der Lage wären, mit diesem etwas zu bezahlen. Das Geld verliert durch die Ausgangssperre an Kaufkraft und die Menschen werden dadurch langfristig in ihren Handlungsmöglichkeiten eingeschränkt.

Doch es gibt noch einige weitere Gründe, warum es von großer Bedeutung ist, etwas mit seinem eigenen Geld zu machen, um langfristig nicht vom vorgegebenen System um sein Vermögen gebracht zu werden.

Generell ist Geld das finanzielle Instrument mit den größten Einflussmöglichkeiten auf der ganzen Welt. Denn Geld entscheidet zwischen Leben und Tod von Menschen, wegen Geld werden Kriegen begonnen und beendet, Ehen vereinbart und getrennt und vieles mehr. Das Ziel ist nicht, Ihnen hiermit Angst zu machen oder das alles zu überdramatisieren, allerdings soll es unterstreichen, welcher Einfluss von Geld ausgeht. Jeder von uns spürt die massiven Auswirkungen des eigenen Vermögens und das Tag für Tag.

Denn unsere finanziellen Möglichkeiten bestimmen alles, von Wohnort, den Lebensstil, die Ernährung bis hin zur gesundheitlichen Versorgung. Dies erkannte auch das Robert Koch Institut, welches in Erfahrung brachte, dass diejenigen Menschen, die weniger als 60 Prozent des mittleren Nettoeinkommens im deutschlandweiten Vergleich verdienen, ein dreifach erhöhtes Sterberisiko vor dem 65. Lebensjahr haben. Doch es geht noch weiter, denn Geld beeinflusst noch viel mehr, wie zum Beispiel unseren Zugang zur Bildung, zur gesellschaftlichen Schicht, und gibt uns einen gewissen Satus, welchen wir von unseren Mitmenschen zugeschrieben bekommen. Letztlich soll hiermit Ihr Bewusstsein geformt werden, welche Auswirkungen das Geld im Allgemeinen auf uns hat.

Es ist schon fragwürdig, warum dennoch nur jeder sechste Mensch in Deutschland über 14 Jahren das eigene Geld in eine der vielen Investitionsmöglichkeiten anlegt und sich somit langfristig Gewinne erhofft.

Die sehr konservative Art und Weise, wie wir Deutschen an der Börse agieren, hat in anderen Ländern zu einer ironischen Bezeichnung geführt, welche unser Verhalten bezüglich des eigenen Vermögensaufbaus beschreibt.

- **Deflation:** Nachdem Sie gerade einige Informationen bezüglich der Inflation erhalten haben, werden wir uns nun dem Gegenstück der Inflation widmen. Diese kann gemäß der Bundeszentrale für politische Bildung als ein Prozess von Preissenkungen in der Volkswirtschaft verstanden werden. Eine Deflation liegt vor, wenn der gesamt verfügbaren Gütermenge eine zu niedrige Geldmenge entgegenkommt. Nicht nur an der Börse spielt das Zusammenspiel von Angebot und Nachfrage eine wichtige Rolle, auch in der Volkswirtschaft macht sich dies massiv bemerkbar. Bei einer Deflation ist die Nachfrage geringer als das dafür zugrundeliegende Angebot.

Eine Deflation kann in der Nachfolge einer Inflation eintreten. Wenn es aufgrund dieser zu einer zu starken Verringerung des Geldes kommt bzw. der Geldmenge, sind letztlich nicht mehr ausreichend Käufer am Markt für die hergestellten Produkte. Dies lag beispielsweise im Jahr 2020 in der Öl-Branche vor. Die Big Player der Öl-Branche produzierten trotz der Corona Pandemie weiterhin große Mengen an Öl. Dabei ist interessant, dass es zuvor ein internationales Abkommen unter den Unternehmen gab, welches die Produktionen etwas einschränken sollte, da es letztlich keine Abnehmer für das produzierte Öl gab. Die zum Verbrauch fertiggestellten Massen an Ölmengen mussten nun zwischengelagert werden, denn durch die Pandemie stockte die Wirtschaft und somit gab es ein Riesenangebot, allerdings schlagartig keine Nachfrage mehr.

Die Folge war, dass die Preise des Öles rapide nach unten fielen und letztlich die Herstellung bzw. die Gewinnung des Produktes teurer war als der zwischenzeitliche Verkaufspreis. Denn, wenn den Menschen und Unternehmen die nötigen Mittel für die Produkte des Marktes fehlen, haben die Hersteller aufgrund der geringen Kaufkraft ihrer Kunden keine Abnehmer. Die Corona Pandemie hatte hierbei massive Auswirkungen auf den Markt und auf deren Firmen.

Einige Mitarbeiter verloren aufgrund der leeren Auftragsbücher und vor allem aber wegen der fehlenden Ressourcen ihren Beruf und die Produktion musste vielerorts eingestellt werden. Damit blieben große Gewinnmengen aus, denn es konnten nicht nur weniger Produkte hergestellt, sondern vor allem die Produkte auch nicht verkauft werden.

- **Stupid German Money:** Seinen Ursprung findet der Begriff der „Stupid German Money" bei den Briten, welche diesen kultivierten und damit das Sparverhalten der Deutschen auf eine ironische Art und Weise aufs Korn nehmen. Denn nach wie vor halten die meisten Menschen in unserer Gesellschaft an den klassischen Sparmethoden, wie zum Beispiel dem Sparbuch oder Tagesgeldkonto, fest, obwohl man auf diese keinen Profit in Aussicht gestellt bekommt.

Ganz im Gegenteil, bei immer mehr Filialbanken ist es die Norm, dass man Gebühren für die jeweiligen Konten zu bezahlen hat, doch dazu später mehr. Das System der klassischen Anlagen hat sich in den Denkweisen der meisten Deutschen manifestiert und resultiert aus vergangenen rentablen Profiten bzw. Entlohnungen, welche allerdings in der heutigen Zeit nicht mehr von Bedeutung sind.

In der unten eingefügten Statistik können Sie den Verlauf der durchschnittlichen Entwicklung des angebotenen Zinssatzes auf das sogenannte Tagesgeldkonto aus der Vergangenheit erkennen. Gerade durch die Wirtschafts- und Finanzkrise im Jahre 2008 fielen die Zinsen rapide nach unten und sind nun bereits seit mehreren Jahren auf einem Null-Niveau.

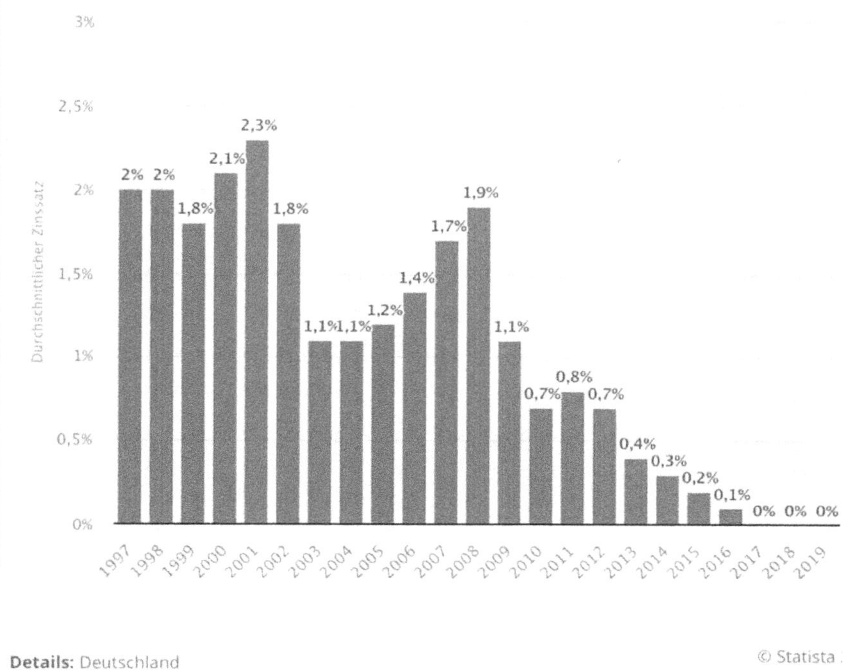

Wunderlich ist es, dass Deutschland im weltweiten Vergleich nur im unteren Mittelfeld zwischen vergleichbaren anderen Entwicklungsländern liegt, was die Zahlen der Gesamtanlegerschaft angeht. Somit lässt sich die These der „German Stupids" begründen, allerdings soll dem Ganzen ein Ende gesetzt werden und die Gesellschaft muss umdenken, wenn sie nicht langfristig von den Folgen der Inflation und gleichzeitig der festgefahrenen Politik eingeholt werden will.

UMDENKEN FÜR DEN GELDBEUTEL UND DIE WELT

Doch eine Vielzahl an Menschen haben in den letzten Jahren erkannt, dass sich daran etwas ändern muss. Die Zahlen rund um den rasanten

Aufschwung der unter 40-jährigen Personen können den Startschuss geben und einen Veränderungsprozess der Gesellschaft begünstigen. Bereits vor dem Eintreten der globalen Corona Pandemie verdeutlichten sich die Interessen der Menschen.

Das Thema des Klimawandels fand sich in öffentlichen Debatten wieder und wurde zum Beispiel durch Organisationen wie „Fridays for future" in den öffentlichen Diskurs gebracht. Vor der Corona Krise war das alltägliche Leben von Diskussionen über den Klimawandel geprägt. Die Bedeutung der allgemeinen Veränderungen in der Welt bezüglich Nachhaltigkeit und einem schonenderen bzw. bewussteren Umgang mit der Umwelt ist nicht mehr von der Hand zu weisen. Denn die Erde erwärmt sich bereits seit über 100 Jahren jedes Jahr um ca. 1 Grad Celsius.

Was zunächst erst einmal nicht so schlimm klingen mag, ist auf den zweiten Blick mit grauenvollen Folgen verbunden. In vielen Ländern gibt es aufgrund des fehlenden Regens und der anschließenden großen Trockenheit extreme Waldbrände. Die Folgen aus diesen sind das Absterben einer unvorstellbaren Menge an Bäumen, welche für das Klima wichtig sind. Denn diese speichern das klimaschädigende CO2. Durch die massiven Brände wird die Erdatmosphäre weiter aufgeheizt. Allgemein verändert sich das Wetter auf der ganzen Welt. Durch massive Hitzewellen oder auch extremen Regen werden vielerorts die Menschen in den Ruin getrieben. Des Weiteren schmilzt das Eis am Nord- und Südpol sowie die Gletscher, wodurch der gesamte Meeresspiegel unkontrolliert ansteigt. Die Folgen sind massive Überschwemmungen und auch das Verschwinden ganzer Inseln im Meer. Die Folgen werden exponentiell schlimmer, mit jedem Grad Celsius. Menschen verlieren ihre Existenz oder sind zum Fliehen gezwungen. Denn auch die Landwirtschaft und somit die Produktion von Nahrungsmitteln wird an immer mehr Orten unmöglich. Tiere und Pflanzen sind ebenfalls aufgrund des rasanten Klimawandels von dem raschen Aussterben bedroht.

Der Grund, warum dies in diesem Buch einen Platz findet, ist, dass die Interessen der Menschen bzw. der Anleger sich langfristig auf die preisliche Entwicklung einer Anlage auswirkt. An der Börse wird die Zukunft gehandelt und immer mehr neue und vor allem jüngere Teilnehmer verändern das Geschehen am spekulativen Kapitalmarkt massiv. Die Interessen der Menschen rund um den Klimawandel und der generellen Nachhaltigkeit eines Unternehmens oder einer Branche machte sich zu Beginn der Corona Pandemie an der Börse extrem bemerkbar. Denn die Anbieter von Investitionsmöglichkeiten, welche ihren Schwerpunkt auf Nachhaltigkeit setzen und sich zum Ziel, das Stoppen des negativen Klimawandels, setzten, profitierten stark von den Werten der neuen jüngeren Teilnehmer.

Die Folge war, dass sich im Verlauf des Jahres 2020, von März bis Dezember, die Kurse dieser Unternehmen zum Teil vervielfachten. Denn an der Börse wird die Zukunft gehandelt und in der Zeit nach der Pandemie werden wir uns wieder mit dem extrem wichtigen Thema des Klimawandels auseinandersetzen müssen. Denn sonst haben die uns folgenden Generationen unter unserem Fußabdruck auf der Welt massiv zu leiden. Ich bin davon überzeugt, dass auch unter Ihnen die große Mehrheit langfristig auf Nachhaltigkeit Wert legt und die eigenen Werte in den Vermögensaufbau miteinfließen lassen möchte. Die Börse bietet bezüglich des „Green Investing" einige Optionen und Möglichkeiten, sodass dies umgesetzt werden kann. Doch zu diesem Wunschdenken gehört mehr, als nur die eigene Geldanlage zu durchleuchten und zu hinterfragen. Denn wissen Sie eigentlich, was in Ihrer Hausbank mit Ihrem Geld gemacht wird?

DAS SYSTEM BANK

Unsere Hausbanken haben grundsätzlich wie jede andere Firma genau ein Ziel – das Erwirtschaften von Profit. Viele Menschen haben den

Irrglauben, dass ihr gehaltenes Geld auf der Bank eben dort liegt bzw. sich dort befindet. Doch dem ist nicht so. Jede Bank investiert das erhaltene Geld auf den Konten wieder, stets in der Hoffnung, selbst wieder höhere Gewinne erzielen zu können. Dies gelingt zumeist auch, denn die Vergabe von Krediten, das Ausgeben von Anleihen und auch das aktive Handeln an der Börse gehört zum System der Banken dazu. Aber auch durch laufende Gebühren oder Transaktionskosten verdienen die Banken ihr Geld.

- **Transaktionskosten:** Hiermit sind die Geschäfte zu verstehen, bei welchen die Bank etwas für Sie kauft oder verkauft, also aktiv handelt. Letztlich fallen bei jeder Handlung an der Börse irgendwo Kosten an. Diese entstehenden Gebühren aufgrund der Handlungsaktivitäten werden Transaktionskosten benannt.

Dabei spricht die Bank nicht mit ihren Kunden ab, welche Investitionen getroffen werden und wohl kaum einer von uns weiß wirklich, was die Bank mit dem ganzen Geld eigentlich anstellt. Grundsätzlich investieren die Banken oft in die verschiedensten Anlageklassen und begrenzen hierbei nur selten ihre Möglichkeiten. Letztlich kann es im weiteren Sinne sein, dass Sie durch das Geld auf Ihrem Sparbuch oder Girokonto zum Beispiel Unternehmen unterstützen, die in keiner Weise Wert auf Nachhaltigkeit und das Klima nehmen.

Die Grenzen sind hier jedoch noch lange nicht zu Ende, denn es kann auch passieren, dass Sie auf diese Weise Unternehmen unterstützen, welche Waffen herstellen und vertreiben. Dies widerspricht den Werten der „Fridays for future" Generation wahrscheinlich doch sehr, allerdings wissen eben die Wenigsten, was ihre Hausbank mit dem Geld macht. Sie müssen für sich selbst entscheiden und abgleichen, ob Ihre Bank mit Ihren persönlichen Werten vereinbar ist oder ob sich möglicherweise ein Wechsel anbieten würde. Abschließend können wir Privatpersonen durch unser persönliches Wertesystem die gesamten Strukturen der

Banken verändern und somit direkten Einfluss nehmen. Diese Möglichkeit bietet sich Ihnen auch an der Börse, an welcher es Ihnen möglich sein wird, die Unternehmen zu unterstützen, die nachhaltig arbeiten und die Folgen des Klimawandels aufhalten möchten – doch dazu später unter „Anlegen in der Zukunft“ mehr.

ALTERSVORSORGE UND DEMOGRAFISCHER WANDEL

Der aktuelle demografische Wandel der Gesellschaft zeigt einen klaren Trend – die Bevölkerung altert. Dies ist uns bereits seit längerem bekannt und die Zahlen, die beispielsweise vom statistischen Bundesamt jedes Jahr veröffentlicht werden, überraschen wohl kaum noch jemanden. Die Anzahl der jüngeren Menschen wird geringer und dem gegenüber steht ein rasches Wachstum der Alten.

Dadurch verschiebt sich die gesellschaftliche Struktur in einer Art, welche so noch nie vorlag. Somit ergibt sich, dass jede zweite Person in Deutschland bereits älter als 45 Jahre ist und jede fünfte sogar älter als 66 Jahre alt. Allerdings gibt es einen kleinen Hoffnungsschimmer, denn durch die relativ starke Zuwanderung von jungen Menschen und den seit 2012 jährlich ansteigenden Geburtenzahlen könnte dieser massiven gesellschaftlichen Veränderung zumindest minimal entgegengewirkt werden. Dieser Wandel macht sich bereits heutzutage stark bemerkbar und wird seine letztlichen Auswirkungen wohl doch erst in der Zukunft wirklich darbieten.

Eine der wohl einflussreichsten Veränderungen, die aus uns zukommen wird, ist die Veränderung der Auszahlungen der Renten für die nächsten Generationen. Während man bereits heutzutage die massive Armut von alten Menschen am eigenen Leib erfährt bzw. in jeder größeren Stadt bei genauerer Betrachtung feststellen muss, so wird dies wohl in den folgenden Jahren noch viel gravierendere Folgen mit sich bringen. Die Rentenzahlungen werden wohl stets weiter nachlassen und das werden wir in der Zukunft spüren. Deshalb ist es von großer Bedeutung, die Altersvorsorge selbst in die Hand zu nehmen und somit später abgesichert zu sein. Dies kann Ihnen gelingen, wenn Sie frühzeitig anfangen, sich darauf vorzubereiten. Dabei benötigt es nicht einem extrem sparsamen Lebensstil, wie es zum Beispiel ein Frugalist tun würde. Meist reicht ein gesundes Mittelmaß, welches sich auch mit einem relativ kleinen Geldbeutel umsetzen ließe.

- **Frugalismus:** Wenn Sie an der Börse möglichst frühzeitig Ihren eigenen Vermögensaufbau und die Unterstützung Ihrer Altersvorsorge beginnen, können Sie langfristig massiv vom Zinseszinseffekt profitieren. Beim Frugalismus geht es darum, durch einen möglichst hohen Verzicht auf Konsum bzw. Ausgaben möglichst rasch eine finanzielle Unabhängigkeit zu erreichen. Ein Frugalist verfolgt zumeist das Ziel, so früh wie möglich unabhängig von seinem Einkommen durch einen Beruf leben zu können.

Dabei soll das eigene Leben durch das zuvor angesparte Vermögen finanziert werden. Durch das Anlegen der Ersparnisse soll sich dieses Geld im weiteren Lebensverlauf vermehren und somit stets höhere Gewinne bzw. Geld für das alltägliche Leben erwirtschaften. Grundsätzlich orientiert sich der Frugalismus an dem Begriff „frugal", was so viel wie bescheiden oder einfach bedeutet.

- **Zinseszinseffekt:** Dabei ist von großer Bedeutung, dass man sich dem Thema nicht erst dann nähert, wenn die eigene Rente kurz bevorsteht oder wir gerade ein paar Euro zu viel in der Tasche haben, sondern dann anfangen vorzusorgen, sobald wir irgendwie können. Das ist bei den meisten Anbietern bereits ab einem Euro möglich und mal ehrlich, jeder von uns hat diesen übrig. Fangen Sie an und schieben das Thema nicht immer weiter vor sich her. Der Effekt strahlt seine volle Wirkungskraft dann aus, wenn die Gewinne der Anlagen nicht ausgezahlt, sondern stetig reinvestiert werden. Also man die Anlagesumme in keinem Falle reduziert, weder nach Gewinnen noch nach Verlusten.

Denn wenn man sich konsequent daran hält, dann wird die gesamte Sparsumme durch die somit höheren Erträge, welche entstanden sind, langfristig exponentiell nach oben hin wachsen und das Vermögen steigert sich langfristig. Dabei hat das menschliche Gehirn Probleme mit der kognitiven Verarbeitung dieses Effektes.

Dies unterstreichen die Ergebnisse aus der Umfrage von Kantar Emnid, durch welche die kognitive Verzerrung deutlich wurde. Dort wurde aufgezeigt, dass 6 von 10 Menschen die letztliche Endrendite aus dem Zinseszinseffekt stark unterschätzten und deutlich zu niedrig einschätzten. Die massiven Auswirkungen wurden in der Vergangenheit bereits von niemand anderen als Albert Einstein als das achte Weltwunder betrachtet. Dabei sind Aussagen von Börsengurus wie Warren Buffets, welcher den Effekt als seinen wichtigsten Erfolgsfaktor seines Investierens bezeichnet, nicht außer Acht zu lassen. Das Schöne daran ist, dass dies nicht nur möglich ist, wenn man bereits große Geldsummen zur Verfügung stehen hat, sondern auch mit geringen Kapitalsummen vom Effekt profitieren kann. Machen Sie sich bewusst, welche ansteigende Wirkung der Zinseszinseffekt Jahr für Jahr auf Ihr gesamtes Vermögen haben wird. Fangen Sie möglichst frühzeitig an und warten Sie nicht ab, denn sonst entgeht Ihnen möglicherweise das ein oder andere Jahr, in welchem der Effekt bereits massive Auswirkungen auf Ihre Anlagen haben könnte.

GENDER PAY GAP

Beim Gender Pay Gap wird der Abstand zwischen den Verdiensten von Männern und Frauen gemeint, welcher letztlich eine mangelnde Gleichbehandlung in der Gesellschaft darstellt. Hierbei gibt es den un- und bereinigten Gender Pay Gap. Der unbereinigte stellt die absoluten Bruttostundenverdienste gegenüber und bezieht dabei die ursächlichen Faktoren nicht mit ein. Die Ergebnisse beziehen sich auf unterschiedliche Unterpunkte wie das Alter, Bildungsniveau und vieles mehr.

Die Ergebnisse errechnen sich aus speziellen Formeln auf der Basis der zugrundeliegenden Daten der vierjährlichen Erhebung der Verdienststruktur. In die Berechnung werden die abhängigen Beschäftigungsverhältnisse aller Wirtschaftsabschnitte und Unternehmensgrößen mit einbezogen (bis auf wenige Ausnahmen). Beim bereinigten Gender Pay Gap wird jener Teil des Unterschiedes zwischen Männern und Frauen herausgerechnet, welcher auf den strukturellen Unterschied zwischen den Geschlechtern rückführbar ist. Dabei muss man stets bedenken, dass der ermittelte Wert als eine Obergrenze betrachtet werden muss, welcher stets geringer ausfallen würde, wenn weiter Informationen über lohnrelevante Faktoren für die jeweiligen Analysen verfügbar wären. Für die Praxis ist der bereinigte Gender Pay Gap von größerer Aussagekraft, um die Unterschiede im Verdienst zwischen Männern und Frauen treffen zu können.

Denn gemäß dem statistischen Bundesamt haben Frauen im Jahr 2019 durchschnittlich 19 Prozent weniger verdient als Männer. Das von der Politik ausgegebene Ziel ist, diesen Wert auf 10 Prozent bis zum Jahr 2030 zu reduzieren. Gerade in Bezug auf die Altersarmut, von welcher Frauen besonders stark betroffen sind, ist die auch sehr wichtig. Durch politische Maßnahmen wird bereits versucht gegenzulenken.

Eine gesetzliche Grundabsicherung wurde etabliert, welche jeder Person, die 45 Jahre lang bei einer Vollzeitbeschäftigung in die Rentenkassen eigezahlt hat, zusichert, 48 Prozent des durchschnittlichen Einkommens zu erhalten. Zugegebenermaßen eine wohl doch eher theoretisch ausgelegte Absicherung, welche in der Realität wohl nur von einer relativen geringen Anzahl der Menschen erreicht wird. Denn während Männer im Westen auf knapp 40 Zahlungsjahre kommen, so erreichen Frauen lediglich 28 Beitragsjahre. Im Osten jedoch kommen die Männer auf 44 Jahre und die Frauen auf 41 Jahre. Letztlich bleibt jedoch, dass man bei Erreichen der 48 Prozent davon wohl nicht leben kann, sondern schon einen eigenen Vorschuss haben sollten, um im Alter nicht jeden Cent zweimal umdrehen zu müssen.

Doch hier macht es Hoffnung, wenn man an das Prinzip des Zinseszins-Effektes zurückdenkt. Denn wenn man den durchschnittlichen Profit von Anlegern aus den letzten Jahren als Referenzwert heranzieht und die 7 Prozent auf einen monatlichen Sparbetrag von 50 Euro berechnet, so kann man durchaus einiges für die eigene Altersvorsorge tun. So hätte man bei einem Anlagehorizont von 10 Jahren bereits 8.290 Euro, nach 20 Jahren 24.597 Euro, nach 30 Jahren 56.676 Euro und nach 40 Jahren sogar 119.781 Euro. Natürlich ist dies zweifelsohne eine Wunschrechnung und wenn diese so einfach aufgehen würde, wäre die finanzielle Absicherung wohl ein Leichtes. Aber feststeht, wer frühzeitig anfängt, der profitiert auf lange Sicht. Einem Arbeitnehmer, welcher nach der Ausbildung oder Studium bei null anfangen müsste, könnte, wie Sie hiermit sehen, für das eigene Alter mit „nur" 50 Euro monatlich die staatliche Rente durchaus positiv bezuschussen.

DIE FINANZBRANCHE

Die Börse und die allgemeine Finanzbranche bewegen sich ein Stück weit in Richtung der gesellschaftlichen Mitte. Durch die Veränderung der Zugänglichkeit, sich am Handel beteiligen zu können, verändert sich auch das Geschehen an der Börse. Die Teilhabe am Markt ist so leicht wie nie zuvor. Die Entwicklung nahm ihren durchaus unvorhersehbaren Lauf mit Beginn der Digitalisierung im frühen 21 Jahrhundert. Durch die Entwicklung höherer Sicherheitsstandards im Internet akzeptierten relativ schnell einige Menschen die Abwicklung der Finanzen im Internet. Die Vielzahl der Gesellschaft entfernt sich von den klassischen Aktivitäten der Bankgeschäfte und überweist mit dem Smartphone bequem vom Sofa das Geld.

Es ist zur Normalität geworden, kein Bargeld mehr mit sich zu führen, sondern über das Handy oder mit Karte zu zahlen. Während man früher zu Beginn immer etwas Bargeld mitführen musste, da man nicht überall digital zahlen konnte, so ist dies mittlerweile in jedem kleinen Café, Kneipe und Kiosk möglich, das Bargeld schafft sich ab. Unvorstellbar sind die Zeiten, in welchen man ausschließlich bei den Banken oder Bankautomaten sein Geld abheben musste. Dabei fielen teilweise sogar noch Gebühren an, wenn man Geld von einer anderen Bank als seiner eigenen Hausbank abheben wollte. Generell bewegte sich nicht nur die reine Abwicklung der Finanzgeschäfte in den digitalen Bereich. Eine große Anzahl der Menschen nutzt das Internet zum Einkaufen und damit sind längst nicht mehr nur Kleidung und Co. gemeint. Gerade im Laufe der Corona Pandemie wurde der Onlinehandel massiv befeuert. Viele altbekannte Anbieter stellen nun den Kunden auch den Einkauf von Lebensmitteln zur Verfügung. Zudem entstanden einige Unternehmen, welche sich speziell auf den Verkauf von Mahlzeiten bzw. Lebensmittel konzentrierten, sodass die Menschen das Essen an die Haustür geliefert bekommen. Durch die rasanten Fortschritte und steigenden Sicherheitsregularien ist der Onlinehandel längst angekommen in der Gesellschaft und längst akzeptiert.

Leider gibt es im Laufe dieser Entwicklung nicht nur positive Aspekte, welche zu erwähnen sind. Denn während zwar die Lücken bezüglich der Sicherheit im Internet stets geschlossen werden konnten, so entstanden durch den Handel extreme Veränderungen in den Dörfern und Städten. Denn wenn man nun in die Städte und vor allem in die kleinen Orte einen Blick wirft, so fällt schnell auf, wie rasant sich die Vielfalt an

Einzelgeschäften gesenkt hat. Weg sind die kleinen Tante Emma Lädchen in den kleinen Dörfern und generell hat es der Einzelhandel schwerer denn je. Wer den Anschluss ins Digitale verpasst hat, hat langfristig keine Chance, um konkurrenzfähige Preise anzubieten und wird letztlich dazu gebracht, den eigenen Laden zu schließen.

Dies ist letztlich ausschließlich das Resultat unseres Konsumverhaltens und die Folgen werden wir wohl langfristig am eigenen Leib spüren. Aus der Sicht von uns als Kunden ist dies nicht so dramatisch und es überwiegt eindeutig der Faktor, dass man bequem vom Sofa aus auf eine unfassbare Vielzahl von Produkten zugreifen kann. Mit diesem Wettbewerb kann der kleine Einzelhandel nicht mithalten und im Internet finden wir Kunden oftmals das gleiche Produkt zu einem günstigeren Preis und das alles, ohne das Sofa verlassen zu haben.

Digitalisierung an der Börse

Auch an der Börse veränderte sich in den letzten Jahren Einiges. Denn durch die Weiterentwicklung des Internets wird es uns Privatanlegern möglich, an der Börse teilzuhaben. Mit Hilfe von verschiedenen Plattformen wird der Handel von zu Hause ermöglicht und das war früher nicht der Fall. Während früher am spekulativen Kapitalmarkt überwiegend Experten, Börsianer und sonstige Vertreter von Banken zu finden waren, so kann heutzutage jedermann grundsätzlich an der Börse partizipieren.

Die Börse erfuhr zudem einen massiven Schub während der Corona Pandemie, durch welche eine Vielzahl neuer Anleger zum Kapitalmarkt hinzukamen. Dies resultierte aus der Kombination einer höheren Risikobereitschaft der jüngeren Anlegerschaft und den massiv gefallenen Kursen.

Dazu kommt, dass es für die jüngeren Generationen völlig normal ist, die eigenen Finanzen digital abzuwickeln und das Vertrauen in die Sicherheit der Plattformen ist sehr groß.

Des Weiteren hat sich der Zugang zu Informationen bezüglich einzelner Unternehmen massiv verändert. Während es sonst an der Börse darum ging, besser zu „performen" als die Konkurrenz, um den eigenen Handelsplatz behalten zu dürfen, so hat der herrschende Konkurrenzkampf für uns Privatanleger keine Bedeutung mehr. Heute stellen viele Experten ihr Wissen und detaillierte Analysen in den sozialen Medien oft frei zur Verfügung. Dadurch wird uns Privatanlegern ermöglicht, mit nur geringen Kenntnissen und vor allem einem vergleichsweise geringen Aufwand ein vielschichtiges Bild eines Unternehmens zu machen.

Es ist nicht mehr wie früher, dass diejenigen am besten abschneiden, welche über ein ausgeprägtes Netz verfügen, um an Informationen zu kommen. Die Beschaffung von Informationen ist so einfach wie nie zuvor. In Interviews, Videos und Blogs teilen die Experten ihren Kenntnisstand. Ein hohes Risiko gehen Sie als Privatanleger jedoch dann ein, wenn Sie diesen Informationen blind Glauben schenken. Langfristig bleibt es für uns Anleger nach wie vor unausweichlich, dass man sich selbst bezüglich des eigenen Wissens rund um die Finanzen stets weiterbildet.

Doch die neuen Anleger sind bereit, dieses Risiko einzugehen und übersehen oft die enormen Auswirkungen, welche durch dieses Verhalten entstehen können. Langfristig geht der Weg jedoch weg vom normalen Handeln und den Gesprächen mit den Mitarbeitern vor Ort. Viel zu bequem und letztlich auch kundenfreundlich ist die Abwicklung über das Internet.

VERÄNDERUNG DES MENSCHENBILDES

Der Wandel der Börse lässt sich jedoch nicht einfach durch die mit ihren einhergehenden Veränderungen durch die Digitalisierung und das steigende Interesse an der eigens gesteuerten Altersvorsorge erklären.

Denn das Finanzwesen an sich hat sich ebenfalls stark verändert und vor allem die darin enthaltenen Mitarbeiter. Der Weg geht weg von den klassischen Bänkern und Börsianern, welche niemandem etwas gönnen außer sich selbst. Die Ausbildungen der Bankkäufer und auch auf den darüber liegenden Positionen haben sich gewandelt. Längst sind die Mitarbeiter nicht mehr nur auf den eigenen Profit aus. Es wird viel Wert darauf gelegt, dass die Kunden zufrieden sind. Dabei ist eine adäquate Beratung, welche sich an den individuellen Lebenslagen der Menschen orientiert, unumgänglich.

Denn das System dahinter hat sich verändert. Während es früher den Kunden sehr wichtig war, gegenüber ihrer Bank gut dazustehen, um die Chancen eines kostengünstigen Kredites etc. zu erhöhen, so ist dies heutzutage etwas verändert. Denn nun müssen sich die Banken im großen Wettbewerb untereinander gegenseitig übertreffen. Heute holen sich die Menschen vor der Aufnahme eines Kredites oft mehrere Angebote von völlig unterschiedlichen Banken und wählen das für sie kostengünstigste zumeist aus. Aber auch im Allgemeinen hat sich einiges getan, so sind die Mitarbeiter der Banken heutzutage oft sehr gut geschult in ihren sozialen Kompetenzen und in der Gesprächsführung. Generell findet das Thema der Finanzen eine größer werdende Offenheit in der Gesellschaft vor und ist längst kein Tabuthema mehr, wie es sonst einmal war.

Dies macht sich auch in der Weitergabe bzw. Vermittlung von Informationen und Wissen bemerkbar. Hierfür reicht ein Blick ins Internet und es fällt einem schnell auf, wie einfach und meist kostenlos man Zugriff auf eine Vielzahl an Fachexpertisen hat. Dabei nutzen die Experten und mittlerweile auch die Banken die sozialen Medien, um mit ihren Klienten in Kontakt treten zu können. Hierfür benötigen diese wiederum interessante Informationen für die Rezipienten und können nicht einfach Belangloseses preisgeben, denn dann würde die Zuschauerschaft sich zum nächsten Influencer weiterbegeben. Langfristig wandelt sich somit auch das Menschenbild der Mitarbeiter aus der Finanzbranche.

Ein Blick in die Vergangenheit macht deutlich, dass sich die Menschen, welche im 20. Jahrhundert aufwuchsen bzw. gelebt haben, schlichtweg auch keine passende Basis hatten, um sich am Aktienmarkt in irgendeiner Form zu beteiligen. Denn gerade die Kinder der Nachkriegszeit waren geprägt von den Werten ihrer Eltern und auch Großeltern. Damals ging es mit Sicherheit nicht darum, Rücklagen zu bilden, um im Alter abgesichert zu sein. Es ging um den Erhalt des eigenen Lebens und Wohlbefindens. Dies hat sich in den Denkmustern vieler Menschen eingebrannt und als die Möglichkeiten anstiegen, sich am spekulativen Kapitalmarkt zu beteiligen, so war dies bei der gesellschaftlichen Masse eher verpönt.

Denn während es früher teilweise vorkam, dass das Geld, wie wir es kennen, keinen Wert hatte, waren diejenigen reich, welche Land und Tiere besaßen - nicht die mit dem meisten Geld auf dem Konto oder zu Hause. Als dann ca. in den 60er und 70er Jahren die Möglichkeiten anstiegen, dass man das eigene Geld am Aktienmarkt anlegte, so war dies im Denken der Menschen zumeist nicht enthalten. Die Menschen genossen die Freiheit und vor allem die Sicherheit bezüglich des eigenen Wohlbefindens nach dem Krieg. Der Handel an der Börse war weit entfernt von den Menschen und vor allem der gesellschaftlichen Mitte. In den darauffolgenden Jahrzenten wurden die Bänker und Börsianer eher in die Richtung der Menschen getrieben, welche vom Kapitalismus und egozentrischen Gedankengut belegt waren.

Wer an der der Börse in den 80er und 90er Jahre einen Platz zum Handeln ergatterte, musste besser abschneiden als seine Konkurrenz. „Survival of the fittest“ und dies machte dem negativen Menschenbild zu schaffen. Da der Zugang zur Börse damals nicht für jedermann möglich war, hatten die meisten Menschen ihr Geld auf ihren Sparbüchern und sonstigen Konten auf der Bank liegen. Allerdings war es auch Anfang des 21. Jahrhunderts noch üblich, dass man auf ein normales Sparbuch jährlich bis zu 5 Prozent Zinsen erhielt. Wenn Sie zufällig noch über ein solches Sparbuch verfügen, welches ohne eine festgelegte Laufzeit abgeschlossen wurde, dann sollten Sie dieses auf keinen Fall kündigen. Denn das einlagegeschützte Geld auf diesem Konto ist so sicher wie nirgendwo anders. Selbst im Falle eines Bankrotts Ihrer Hausbank wäre das Geld auf dem Sparbuch geschützt.

Ein weiterer wichtiger Faktor ist eben die Rente, welche im 20. Jahrhundert noch üppig ausbezahlt wurde, allerdings heutzutage keine ausreichende Altersvorsorge mehr darstellt. Dadurch, dass sich gerade die Menschen aus der jüngeren Generation immer stärker für das Thema Finanzen öffnen und gleichzeitig einem sich öffnenden Finanzwesen samt deren Mitarbeitern gegenüberstehen, verändert sich die Gesellschaft wohl stark. Der Weg in Richtung der Nachhaltigkeit nicht nur mit der Umwelt, sondern auch mit dem eigenen Kapital, öffnet sich.

Die Experten teilen ihr Wissen und es entsteht eine große öffentliche Aufmerksamkeit im Internet, dies treibt die Zahlen der Anlegerschaft in die Höhe und wird dies wohl auch in Zukunft noch immer weiter tun. Zudem steht das Wesen der Banken einigen gravierenden Veränderungen gegenüber. Die Banken stehen im direkten Wettbewerb untereinander und müssen ihr Angebot stets weiter in Richtung der Interessen ihrer Kunden orientieren. Aktuell steht das massive Interesse der Menschen einem rasant anwachsenden Angebot an neuen Formen der Banken gegenüber. Die Rede ist von den Direktbanken, welche eine starke Konkurrenz für die uns bekannten klassischen Filialbanken darstellen.

DIREKTBANKEN VS. FILIALBANKEN

Die meisten unter Ihnen werden wohl die klassischen Filialbanken sehr gut aus ihrem eigenen Leben kennen. Denn diese werden im allgemeinen Sprachgebrauch als die klassischen Kredit- und Finanzinstitute der Mehrheit der Gesellschaft verstanden. Allerdings befindet sich genau diese aktuell in einer schwierigen Zeit. Bereits seit vielen Jahrzenten sind die Filialbanken nicht mehr aus unserem Alltag wegzudenken. Gefühlt an jeder Ecke und auch in den kleinsten Dörfern bietet sich uns die Möglichkeit, dort Geld abzuheben und auch welches einzuzahlen. Vielerorts hat man die Option, auch mit Mitarbeitern persönlich vor Ort seine finanziellen Anliegen zu klären. Wer kennt es nicht, zur Bank gehen, die eigenen Überweisungen tätigen und etwas mit den Mitarbeitern in Austausch gelangen.

Allerdings hat dies eben auch einige Nachteile, welche dazu führen, dass sich immer mehr Menschen nach neuen Möglichkeiten umsahen. Denn damit die Kunden bei einer Filialbank auch mit den Mitarbeitern in Kontakt treten können, müssen diese sich an die jeweiligen Öffnungszeiten und vor allem auch an den jeweiligen Dienstplan des Bänkers orientieren. Ein Kundengespräch kann nun einmal noch nicht ausschließlich von einem Roboter übernommen werden, weshalb der persönliche Kontakt sehr wichtig ist. Gerade für die ältere Generation ist es von großer Bedeutung, dass sie die Möglichkeit haben, vor Ort unterstützt zu werden, wenn diese ein Bankgeschäft tätigen wollen. In Bezug auf den Kauf von Wertpapieren, Aktien oder Sonstigem wird es nochmals etwas komplexer.

Nun müssen Sie als Kunde mit Ihrem Bankberater vor Ort einen Termin ausmachen, welcher zeitlich abgestimmt werden muss. Hinzu kommt, dass Sie dieses Gespräch persönlich und eben vor Ort durchführen müssen, weshalb Sie sich in die Filiale begeben müssen. In diesem Kundengespräch sind Sie grundsätzlich vom jeweiligen Angebot der

Filialbank abhängig und müssen zusätzlich mit relativ hohen Gebühren für Ihre Beratung rechnen. Der Vorteil, der hier jedoch entsteht, ist, dass Sie vom Wissen der Mitarbeiter und den Expertisen der Analysten der Bank profitieren können. Allerdings kommen meist auch etwas höhere Transaktionskosten, also Gebühren für die Durchführung des Handelsgeschäftes, auf sie zu. Dadurch schmälert sich letztlich Ihr Geldbeutel merklich. Allgemein steigert sich bei der Vielzahl der Menschen das Bedürfnis nach einer höheren Flexibilität bezüglich der Durchführung der eigenen Finanztätigkeiten. Hinzu kommt, dass immer mehr Anleger und Privatpersonen die persönliche Beratung nicht mehr wirklich wahrnehmen. Zudem fallen bei einigen Filialbanken auch verhältnismäßig hohe Kosten für die Führung des Bankkontos an, die sogenannten Depotführungsgebühren. Die hohen Gebühren und anfallenden Kosten benötigt die Bank jedoch dringend, denn die Mitarbeiter, die Mieten und sonstigen laufenden Kosten müssen gedeckt werden.

Die Finanzwelt hat allerdings das Bedürfnis der Menschen nach geringen Kosten und einem höheren Wunsch nach Flexibilität erkannt. So gingen die ersten Filialbanken den Bedürfnissen ihrer Kunden nach und haben versucht, durch Veränderungen in ihrer Strategie den Kunden zu gewährleisten, dass diese relativ unabhängig vom Ort und vor allem von der Zeit ihre Tätigkeiten bezüglich der eigenen Finanzen durchführen können. Es wurde immer üblicher, dass auf Wunsch der Kunden die regelmäßig stattfindenden persönlichen Gespräche nicht mehr vor Ort in der Filiale durchgeführt wurden, sondern viel mehr telefonisch stattfanden. Des Weiteren stellten einige Banken kleinere Geldautomaten auf und verteilten diese oft bis in kleine Dörfer.

Dadurch sollte es den Kunden möglich sein, dass sie unabhängig von den Öffnungszeiten der Bank an ihr Geld herankommen können. Allerdings entstanden durch die Anschaffung, Betreuung und Wartung der Geldautomaten sehr hohe Kosten, welche die Banken anderweitig wieder gutmachen mussten. Die Lösung war die Schließung von einigen Filialen. Dies wirkte sich negativ auf die älteren Kunden aus, welche großen Wert auf die persönliche Betreuung legten. Hinzu kam im Rahmen der Digitalisierung die Verlagerung der finanziellen Aktivtäten ins Internet. Es wurde den Kunden die Möglichkeit gegeben, unabhängig von Ort und Zeit die Bankgeschäfte von zu Hause aus durchzuführen. Dies war ein bedeutender Schritt in Richtung der Modernisierung. Allerdings war die Entwicklung gerade für die Älteren oftmals zu schnell. Weiterhin wurden einige Filialen geschlossen und die Erreichbarkeit in ein persönliches Gespräch zu kommen, wurde für viele Menschen dadurch sehr erschwert. Zudem wurden einige Automaten wieder von der Landkarte genommen, da sich die laufenden Kosten nicht durch die Schließung von Filialen begleichen ließen.

Der große Pluspunkt der Filialbanken, stets „vor Ort" zu sein, war besiegelt. Gerade für die vielen langjährigen Kunden der Banken verschloss sich der Zugang für die Durchführung der Aktivitäten. Denn wer mit den Modernisierungsmaßnahmen nicht zurechtkam und gleichzeitig Probleme damit hat, in die Filialen zu den immer enger werdenden Öffnungszeiten zu gehen, schaut sprichwörtlich in die Röhre. Es entstand ein schmaler Grat für die Banken aus gleichzeitig dem Halten der Gebühren und Anwerben neuer Kunden. Gleichzeitig der Beibehaltung der älteren Generationen und deren Betreuung. Sie standen zwischen der Schließung einiger Filialen und Gewährleistung einer persönlichen Kundenbetreuung.

Besonders die jüngeren Anleger und Generationen suchten nach kostengünstigeren Alternativen, um die eigenen Bankgeschäfte und finanziellen Handlungen durchführen zu können. Die letztliche Lösung war hierfür die Entwicklung eines Bankkonzeptes, welches keine Ressourcen für die Instandhaltung von Filialen aufwendet und generell die Kosten auf ein Minimum begrenzt - die sogenannten Direktbanken. Dabei sind diese, ähnlich wie klassische Filialbanken, ebenfalls als Finanzinstitut anzusehen, allerdings sind sie durch die geringeren laufenden Kosten deutlich unterschiedlich in ihrem Dasein. Die meisten Direktbanken gehören einem größeren Bankkonzern an und bieten vom Grundangebot eine vergleichbare Vielfalt an Konten wie Filialbanken für ihre Kunden an. Zudem bieten einige Anbieter auch gesondert behandelte Plattformen an, an welchen sich die Kunden ein sogenanntes Depot erstellen können.

- **Depot**: Ein speziell zum Handel mit Finanzprodukten zugelassenes Bankkonto, welches den Handel mit Wertpapieren und weiteren Anlagemöglichkeiten vollziehen kann. Dabei sind bei den jeweiligen Konten meist keine Tätigkeiten des alltäglichen Lebens möglich, sondern speziell auf den Handel an der Börse orientiert. Oftmals können die Anleger ihr Depot bei einer sogenannten Depotbank eröffnen, welche meist ein sogenanntes Verrechnungskonto für die Anleger zur Verfügung stellt.

Somit wird Ihnen als Kunde die Möglichkeit geboten, Ihre Konten zur Führung Ihrer alltäglichen Finanzgeschäfte und gleichzeitig die Teilhabe an der Börse durchführen zu können. Dabei zeichnen sich die Depotbanken durch ein sehr kundenfreundliches Vorgehen aus. Die Eröffnung der Konten ist oft mit einem Anmeldeformular oder sogar durch einen Video-Ident möglich.

Dabei telefonieren Sie als Kunde mit einem Mitarbeiter über eine Videokonferenz und haben somit die Möglichkeit, Ihr Konto freizuschalten bzw. zu legitimieren. Während es zu Beginn der Digitalisierung nur eine geringe Anzahl an Anbietern solcher Direktbanken gab, so gibt es heutzutage eine große Vielfalt an Möglichkeiten. Dabei stehen die Direktbanken nun nicht mehr nur mit den klassischen Filialbanken im Wettbewerb, sondern vor allem auch untereinander. Die Folgen für uns Kunden sind sehr positiv und wir stehen immer niedriger werdenden Gebühren, größeren Sicherheitsregularien und oft sogar Willkommensboni gegenüber. Die Direktbanken verfügen oft über keine bzw. nur sehr wenige Filialen. Dies ist ein Vor- und Nachteil zugleich. Der Nachteil ist klar, wenn es Probleme gibt, müssen diese über das Internet oder postalisch geklärt werden und dabei hat man nur sehr selten einen direkten Ansprechpartner zur Verfügung. In den meisten Fällen sind die Kunden allerdings bereit, dieses Risiko einzugehen und verzichten auf die persönlichen Beratungsmöglichkeiten. Der größte Vorteil, der sich daraus ergibt, sind die niedrigen Kosten für das Konto und die allgemein sehr niedrigen Transaktionskosten bei der Ausführung von Handelsaktivitäten und dem alltäglichen Bankgeschäft.

Einige Direktbanken fungieren als sogenannte Depotbanken. Dabei haben die Kunden kein klassisches Bankkonto bei den jeweiligen Anbietern, sondern ausschließlich ein Verrechnungskonto, auf welchem die Handelsaktivitäten an der Börse vollzogen werden. Das heißt, dass die Kunden zusätzlich an einer anderen Bank ein normales Konto führen und zudem ein Depotkonto, auf welches ausschließlich sie dazu legitimiert sind, ein- und auszuzahlen und an der Börse aktiv zu sein. Dies dient der Sicherheit und verringert das Risiko eines fremden Zugriffes auf das jeweilige Konto immens. Wenn hierbei nun Probleme auftreten, so findet die Beratung bzw. der Kontakt telefonisch oder über einen Videochat statt.

Bei den Filialbanken gehen Sie klassischerweise zu Ihrem zugeteilten Bankberater und finden mit diesem gemeinsam eine adäquate Lösung. Allgemein stehen die Direktbanken einem hohen Grundvertrauen, gerade von den jüngeren Anlegern, gegenüber und diese sind bereit, auf die Möglichkeiten einer persönlichen Beratung zu verzichten. Deshalb geht der Weg vieler Menschen weg von den klassischen Filialbanken und hin zu den Direktbanken. Dies stellt ein hohes Risiko für die Filialbanken dar, welche zu einem Umdenkprozess bzw. zu einer Modernisierung ihres Systems gezwungen werden, fraglich ist aktuell allerdings, wie dies in der heutigen Zeit wettbewerbsfähig funktionieren kann. Fakt ist jedoch, dass sich das Angebot der Direktbanken stets weiter ausbreiten wird und einige Anleger die Simplizität der Handhabung wohl auch in Zukunft in Anspruch nehmen werden. Denn das Vertrauen in die Sicherheit des Internets ist hoch und die Risiken von möglichen Lücken in den Systemen werden wohl zurecht missachtet.

Nachdem Sie nun einige grundlegende Informationen bezüglich der Finanzwelt und deren Zusammenhänge erhalten haben, konzentrieren wir uns nun auf das Geschehen der Börse. Denn diese ist in ihrem Dasein sehr komplex. Aber Sie können beruhigt sein, um an ihr teilnehmen und vor allem langfristig profitieren zu können, sind meist nicht so viele Kenntnisse nötig, wie man denkt.

Doch Sie sollten sich bewusst sein, dass es an der Börse zwar mittlerweile möglich ist, auch als Privatperson oder Laie teilzunehmen, aber für den eigenen Lernprozess wird es unausweichlich sein, dass Sie sich Ihr Leben lang weiterbilden. Den ersten Schritt haben Sie bereits getan, doch dies soll nur der Anfang sein, dass Sie Ihre eigene Vermögensplanung selbst in die Hand nehmen.

Für den nächsten Schritt, um den Schneeball ins Rollen zu bringen, benötigen Sie Grundkenntnisse über den spekulativen Kapitalmarkt – die Börse.

Die Börse

In dem nun folgenden inhaltlichen Abschnitt werden wir die Börse genauer unter die Lupe nehmen. Zu Beginn werden wir uns die geschichtlichen Hintergründe und die Entstehung des Kapitalmarktes genauer ansehen.

DIE GESCHICHTE DER BÖRSE

Bevor wir uns mit der Entstehung der Börse auseinandersetzen, müssen wir uns zunächst auf den Begriff der Börse konzentrieren.

- **Börse:** Eine Börse ist ein Marktplatz, an welchem verschiedene Finanzprodukte angeboten werden. An diesem Ort ist es den Anlegern möglich, dass sie verschiedene Wertpapiere, Devisen oder sonstige Finanzprodukte und Waren erwerben und verkaufen können. An der Börse gibt es vereidigte Makler, welche die Preise der jeweilige Kauf- und Verkaufskurse feststellen müssen. Die jeweiligen Kurswerte ergeben sich aus einer speziellen Verrechnung von Kauf- und Verkaufsanträgen, welche zu den jeweiligen Handelszeiten der Börse eingegangen sind.

Sie können sich die Börse als einen Handelsplatz vorstellen, an welchem Waren gekauft und verkauft werden. Ähnlich wie an dem Ihnen bekannten Wochenmärkten, nur kommen hier keine Händler mit ihren Waren an den Marktplatz und Sie können kein Obst oder Gemüse erwerben. Sie können sich verbriefte Rechte durch den Kauf einer Anleihe sichern. Dabei orientiert sich der Kauf- und Verkaufspreis nach dem Angebot und der dazugehörigen Nachfrage. Ähnlich wie auf dem Wochenmarkt - wenn hier ein Händler den besten Käse der ganzen Stadt hat, kann er den Preis immer weiter erhöhen. So lange, wie die Menschen eben bereit sind, die jeweilige Geldmenge auszugeben.

Hingegen muss der Verkäufer, der einen unbeliebten Käse in seiner Theke hat, den Preis niedriger ansetzen, bis eben auch hierfür wieder eine Nachfrage auf das jeweilige Angebot entsteht. Ein großer Unterschied zwischen dem Wochenmarkt und der Börse ist jedoch, dass man nach Ersterem mit einer vollen Tasche nach Hause geht und nach Letzterem nur die Rechte bzw. die Anteile an einem Unternehmen erhalten hat. An der Börse werden nämlich überwiegend keine realen Dinge oder Waren gehandelt.

DIE ENTSTEHUNG DER BÖRSE

Die letztliche Namensgebung ist zugegeben etwas umstritten in der Börsenlandschaft, allerdings führt die wohl an der wahrscheinlichsten zutreffenden Sage in das 16 Jahrhundert zurück. Damals fand die Verschmelzung aus dem Namen der kaufmännischen Familie „van der Beurse“ mit dem lateinischen Begriff „Bursa“ statt.

In Brügge entstand ca. im Jahre 1409 die erste Börse. Denn dort entstand Anfang des 15. Jahrhunderts eines der bedeutendsten Handelszentren in Europa. An diesem Handelsplatz war auch die Familie „van der Beurse“ bereits vertreten und hielt mit den dort eintreffenden Kaufleuten, welche überwiegend aus Italien stammen, ihre Treffen ab. Mit dem Ziel, gemeinsame „Wechsel-“Geschäfte und sonstige Vereinbarungen zu treffen, trafen sich die Händler und zahlten sich mit den damals geläufigen Zahlungsmitteln aus.

Damals wurden jedoch wohl kaum verbriefte Anteile oder Rechte an einem Unternehmen ausgetauscht. Es wurden damals Tiere und sonstige Besitztümer für den Handel verwendet. Die Grenzen bezüglich der Waren sind heutzutage glücklicherweise nicht mehr so offen, denn damals war der Handel mit Sklaven bzw. Menschen völlig normal. Allerdings fanden auch die Wertpapiere in einer etwas abgewandelten Form ihren Ursprung in dieser Zeit. Damals wurden erstmalig die jeweils getroffenen Abmachungen schriftlich festgehalten, um später nachvollziehen zu können, wer mit wem welches Abkommen getroffen hatte. Diese Abmachungen konnten im späteren Verlauf erstmalig umgeschrieben werden und somit auch untereinander ausgetauscht werden, die Wertpapiere waren geboren.

In der Geschichte der Börse gibt es einige Ereignisse, welche von großer Bedeutung für die Entwicklung bis in die heutige Zeit sind. Definitiv erwähnenswert ist die im Jahre 1611 entstandene Amsterdamer Börse. Diese machte in einer bis heute unvergleichlichen Art und Weise auf sich aufmerksam, nämlich mit dem ersten Börsencrash - der „Tulpenmanie".

Sie haben richtig gehört, der ersten Crash an der Börse entstand aufgrund von Tulpen. Die Tulpenblume wurde damals aus dem mittleren Osten in die Niederlande gebracht. Dort entstand ein wahrer Hype um diese, welcher sich letztlich in einem unvorstellbaren Ausmaß widerspiegelte. Die Blume wurde zum absoluten Statussymbol und war ein Symbolbild für Reiche und Wohlhabende. Die Preise schossen aufgrund der begrenzten Anzahl an zur Verfügung stehenden Tulpen in die Höhe, die Nachfrage stieg rasant an und letztlich wurden ganze Häuser für nur eine einzige Blume ausgetauscht. Die Folge dieser so unvorstellbaren Nachfrage war eine große Blase, welche aufgrund ihrer Massivität nicht nur platzte, sondern extreme Folgen nach sich zog. Damals erlosch die massive Nachfrage innerhalb einer nur sehr kurzen Zeit und hinterließ einen Scherbenhaufen von verarmten Bürgern, welche den Bezug zum eigentlichen Wert einer Blume völlig verloren hatten.

Auch Sie können Ihre Schlüsse daraus ziehen, denn damals haben die Menschen aufgrund ihrer Gier unfassbare Preise für ein Produkt von viel geringerem Wert gezahlt. Die Nachfrage bestimmt den Preis im Verhältnis zum Angebot, lassen Sie sich nicht ausschließlich von Ihren

Emotionen und dem eigenen Bauchgefühl verleiten, horrende Summen zu bezahlen. Die Auswahl Ihrer Finanzprodukte bleibt Ihnen immer frei überlassen, allerdings schadet gerade bei höheren Investitionssummen eine zweite Meinung von anderen oder eine Fachexpertise wohl kaum.

DIE AUFGABEN UND HANDELSZEITEN DER BÖRSE

In der allgemeinen Finanzbranche bzw. sogar in der gesamten volkswirtschaftlichen Struktur haben die Börsen einen wichtigen Platz eingenommen. An der Börse wird die Zukunft gehandelt, die Kurse entwickeln sich aufgrund von einem Angebot und deren Nachfrage auf das jeweilige Produkt. Damit der Handel reibungslos und reguliert stattfinden kann, entstanden die Börsen.

Diese sollen einen kontrollierten Marktplatz für die Käufer und Verkäufer der Wertpapiere und sonstigen Finanzprodukte anbieten. Denn am spekulativen Kapitalmarkt geht es nicht selten um große Geldsummen, welche die Investoren gewinnbringend an beispielsweise einem Unternehmen ihrer Wahl anlegen möchten. Von den Geldanlagen profitieren im besten Fall die jeweiligen Anleger, aber vor allem auch die allgemeine Wirtschaft. Denn durch die Bereitstellung von finanziellen Möglichkeiten ist es einem Unternehmen möglich, sich zu vergrößern bzw. sich weiterzuentwickeln. Durch das in den Umlauf gebrachte Geld profitieren wiederum andere Firmen, man könnte fast sagen, dass das Geld das erste Zahnrad andreht, und dadurch beginnen sich weitere mit diesem zusammenhängend auch zu bewegen.

An der Börse wird die benötigte Plattform gegeben, welche einen sicheren Ort für die Vermögensrechte der Investoren und Unternehmen darstellt. Grundsätzlich können die Unternehmen dabei eigenständig auswählen, ob sie den Anlegern den Erwerb von Aktien oder auch Anleihen zum Handel zur Verfügung stellen. Die Börse ist letztlich das Kontrollamt, welches die wichtige Aufgabe hat, dass die preisliche Bildung der Kurse einen regulierten Rahmen erhält und einen transparenten sowie effizienten Handelsplatz für Käufer und Verkäufer bietet. Dabei muss die Börse mit einer großen Anzahl an Aufträgen der Marktteilnehmer zurechtkommen und gleichzeitig ihr System vor Manipulationen oder sonstigem Betrug schützen. Zudem ist es von Bedeutung, dass die für die Ausführung zu zahlenden Transaktionskosten möglichst gering sind. Die Börse entwickelt dabei stets neue Methoden, um dies zu gewährleisten.

Zum Beispiel werden die erworbenen Wertpapiere nicht wie früher schriftlich dokumentiert, sondern längst digital und von Computern gesteuert übertragen und nicht mehr physisch übergeben. An der Börse werden somit das Angebot und die Nachfrage zusammengeführt und die Interessen von Anlegern und Unternehmen unter einen Hut gebracht. Dabei garantieren die verschiedenen Handelssysteme einen fairen, sicheren und möglichst transparenten Handel. Stetig werden hierfür die aktuellen Zahlen und Informationen, welche für den Handel mit Finanzprodukten wichtig sind, veröffentlicht, um eine gleichberechtigte Teilhabe zu ermöglichen. An der Börse wird zudem den Investoren möglich gemacht, nicht nur im nationalen Bereich ihr Geld anzulegen.

Davon profitieren nicht nur die Anleger, sondern auch die Unternehmen, welche durch einen Börsengang grundsätzlich auf die Unterstützung und Gelder von Investoren aus der ganzen Welt hoffen können. So kommt es vor, dass die Firmen aufgrund der neu entstandenen Möglichkeiten eine größere Bekanntheit erfahren und somit ihre Entwicklungsfortschritte und das tägliche Geschäft verbessern können.

Die allgemeine Wettbewerbsfähigkeit steigt somit an und die Marktteilnehmer profitieren von den einheitlichen Regeln für Anleger und Investoren. Die allgemeine Volkswirtschaft profitiert jedenfalls von positiven Entwicklungsverläufen der jeweiligen Aktienkurse und es entstehen wieder viele weitere Folgen, welche nur in einem indirekten Verhältnis zur Börse stehen. Damit Sie sich vorstellen können, was damit gemeint ist, werfen wir einen Blick in die Praxis. Wenn der Firma A von verschiedenen Menschen größere finanzielle Mittel zur Verfügung stehen, kann diese mit dem neu zur Verfügung stehenden Geld das gesamte Unternehmen vergrößern. Dies wiederum benötigt neue Mitarbeiter, um die Betreuung der neu erworbenen Maschinen zu gewährleisten. Dadurch steigert sich nicht nur der allgemein Wert und der Umsatz der Firma A, sondern es entstehen gleichzeitig neue Arbeitsplätze, was der allgemeinen Wirtschaft wieder zugutekommt.

An den in Deutschland ansässigen Börsen ist der Handel mit Wertpapieren zeitlich begrenzt. Der Kapitalmarkt wird hier täglich erst um 9:00 Uhr geöffnet und ermöglicht den Handel bis 17:30 Uhr. In diesem Zeitraum ist der Handel freigegeben und es werden die Aufträge, also Verkaufs- oder Kaufanträge, durchgeführt. Grundsätzlich können Sie Ihren jeweiligen Auftrag unabhängig von der Uhrzeit versenden, allerdings wird die Durchführung erst am nächsten Tag stattfinden. Die Begrenzung auf einen festen Zeitraum ist bedingt durch die in Deutschland geltenden Arbeitsschutzgesetze und war dringend vonnöten, denn ansonsten arbeiten einige Mitarbeiter an den Börsen bzw. aus der allgemeinen Finanzbranche beinahe ohne Limit.

Die Handelszeiten des deutschen Kapitalmarktes richten sich lediglich nach den in Deutschland ansässigen Unternehmen, welche ihren Hauptumsatz der Aktien in Deutschland erwirtschaften und hier auch ihren Hauptwohnsitz haben. Des Weiteren muss ein Unternehmen mindestens 10 Prozent des gesamten Aktienkapitals zum Handel zur Verfügung stellen, dies wird als sogenannter Streubesitz bezeichnet.

POLITIK UND BÖRSE

Die Börse und die Politik stehen in einem interessanten Verhältnis. Denn sie stehen in einer Wechselwirkung und sind voneinander abhängig. Zudem kommen die überpolitischen europäischen Entscheidungen und Geschehnisse der Welt. Sie sind bereits vertraut mit bedeutsamen Begriffen wie der Nullzinspolitik, Rezession und dem Begriffspaar der Inflation sowie Deflation. An der Börse machen sich die politischen Ereignisse der Welt massiv bemerkbar. Damit ist nicht nur die Entscheidung bezüglich des Marktes bzw. deren Veränderungen aufgrund der Corona Pandemie gemeint, sondern viel mehr die Auswirkungen bedeutsamer Länder für den Markt.

So geschehen Anfang des Jahres 2020, als sich aufgrund von geopolitischen Spannungen der Markt in einer großen Verunsicherung wiederfand. Die Kurse an der Börse purzelten, auch bei unabhängigen Unternehmen, nachdem sich die Spannungen zwischen den USA und dem Iran hochkochten und den Markt bzw. die Welt in Aufruhr brachten. Der Auslöser waren pro-iranische Demonstranten, welche in der Hauptstadt Bagdad die US-Botschaft stürmten und damit die USA zu einer Reaktion zwangen. Die Menschen auf der ganzen Welt und letztlich auch an der Börse hatten große Sorgen, dass aufgrund der nun folgenden Gegenreaktion ein Krieg zwischen den beiden Ländern ausbricht.

Die USA ließen nicht lange auf eine Reaktion warten und vollzogen einen gezielten Raketenangriff, die Aktionäre wurden nervös und nahmen ihr Geld von der Börse. Dies ist nur eines von vielen Beispielen, welches Ihnen deutlich machen soll, wie massiv die Einflüsse der globalen politischen Geschehnisse auf der Welt für die Börse sind. Die Spannungen sind auch während der Corona Pandemie noch im Hintergrund vollständig vorhanden, um dies nur kurz anzureißen, so werden Sie als Anleger den Brexit, die Spannungen zwischen Nordkorea und der restlichen Welt sogar bis hin zu den Großveranstaltungen des Fußballs rund um eine umstrittene Europameisterschaft während der Corona Pandemie oder auch eine skandalöse Weltmeisterschaft in Katar deutlich an der Börse spüren.

Doch seien Sie sich über eines bewusst, langfristig werden, wenn das gesamtgesellschaftliche System hält, die Kurse an den Börsen ansteigen. Ein wenig Halt und mit Sicherheit auch ein wenig Humor ist vonnöten, wenn man sich an die Börsenlegende André Kostolany halten möchten. Dieser sagte bereits im 20. Jahrhundert: „Kaufen Sie Aktien, nehmen Sie Schlaftabletten." Damit spielt dieser darauf an, wer Aktien kauft, sollte erst nach ein paar Jahren an einen Verkauf denken bzw. sich währenddessen möglichst wenige Gedanken machen, denn langfristig werden die Kurse ansteigen.

Auch mit den Ereignissen der Politik, denn auch diese hatte in der Vergangenheit stets Spannungen und es werden immer wieder deren Ereignisse Auswirkungen auf den Handel an den Börsen haben. Nicht zu vergessen ist allerdings auch die Gegenseite, denn durch politische Entscheidungen können die Kurse natürlich auch in die Höhe getrieben werden. Wieder ein Blick in das Jahr 2020, in welchem die Corona Pandemie für ein Auf und Ab an den Kapitalmärkten sorgte. Nachdem die Kurse im März und April rapide nach unten sanken, gingen sie auch wieder massiv nach oben im weiteren Verlauf des Jahres.

So schossen die Aktienkurse beispielsweise nach den Bestätigungen der Wirksamkeit von einzelnen Impfstoffen oder auch nach politischen Vorgehensweisen in Richtung der allgemeinen Öffnungen nach einem Lockdown nach oben. Die Börse ist eben schnelllebig und handelt die Zukunft. Sobald Lockerungen in Aussicht stehen, werden wieder höhere Umsätze und letztlich auch Normalität erwartet und dies treibt die Kurse nach oben.

INDIZES

Nachdem Sie nun mit einigen allgemeinen Informationen der Finanzbranche vertraut gemacht wurden, kommen wir nun dem Hauptthema der ETFs deutlich näher. Hierfür müssen Sie jedoch zunächst noch mit den sogenannten Indizien der Börse bekannt gemacht werden. Grundsätzlich stellen die Indizes oder der Index die Veränderungen bzw. die Entwicklungen von bestimmten Größen zwischen verschiedenen Zeitpunkten dar.

Unkompliziert ausgedrückt, zeigt Ihnen ein Index die Entwicklung von ausgewählten Aktien über einen bestimmten Zeitraum an. Dabei können Aktien- und Rentenindizes als ein Indikator über die Entwicklungen eines Teilmarktes oder für die Abbildung des gesamten Marktes, einer Branche, einer Region, einer Währung und vieles mehr herangezogen werden.

In einem Index werden verschiedene Aktienwerte bzw. mehrere Unternehmen zusammengefasst dargestellt, mit dem Ziel, ein aussagekräftiges Gesamtbild der vergangenen Entwicklung und des aktuellen Standes an der Börse wiederzugeben. Die sich hieraus ergebene Kennzahl wird mit sogenannten Indexpunktzahlen gekennzeichnet.

An der Börse gibt es viele verschiedene Indizes, welche das Geschehen des jeweils ausgewählten Bereiches widerspiegeln sollen. Durch sogenannte Leitindizes wird eine übergeordnete Kennzahl gewonnen, welche einen klaren Überblick über die aktuellen Veränderungen am Markt geben soll. In den Leitindizes werden meist eher die größeren Unternehmen eines bestimmten Marktes zusammengefasst dargestellt. In der Fachsprache wird ein solcher Leitindex als sogenannter „Blue Chip" Index betitelt. Einige Länder haben einen eigenen Leitindex, welche die wirtschaftliche Entwicklung bzw. die Konjunktur des jeweiligen Landes darstellen soll. Während es sich in Deutschland um den DAX30 als

Leitindex handelt, so gilt in Westeuropa der Euro STOXX, in Japan der Nikkei Index, in den Vereinigten Staaten der S&P 500 oder der Dow Jones und in China der Hang Seng Composite als Blue Chips Index. Diese Indizes enthalten oft Standardwerte der Börse, welche sich meist durch eine eher geringere Volatilität auszeichnen. Allerdings müssen auch die größeren Blue Chip Unternehmen mit einer höheren Schwankung rund um die jeweiligen Veröffentlichungen während der Quartalszahlen rechnen. Dafür verantwortlich, dass sich die Kurse hierbei auf und ab bewegen, sind letztlich die Anleger und Investoren der einzelnen Werte. Denn gerade die unruhigeren Marktphasen entstehen oft aus den nicht rationalen und kurzfristigen Entscheidungen der Anleger. Diese lassen sich oft sehr schnell von ihren grundsätzlichen Strategien und Überzeugungen abbringen, wenn sie von negativen Ereignissen eines Unternehmens hören.

Die großen Auswahlmöglichkeiten, welche die Indizes mit sich bringen, liegen daran, dass die Erstellung eines Index nicht nur den Börsen obliegt, sondern grundsätzlich jedem Anleger/ -magazinen oder weiteren Wertpapieren-Emittenten etc. möglich ist.

- **Emittenten:** Bei einem Emittenten handelt es sich um den Herausgeber von Wertpapieren, bei Aktien sind dies meistens die dahinterstehenden Unternehmen. Währenddessen ist es bei Anleihen oftmals der Fall, dass nicht nur Unternehmen, sondern auch sonstige öffentliche Körperschaften, Staaten oder weitere Institutionen als Emittent fungieren können.

Bereits der tägliche Blick in die Wirtschaftsnachrichten in Zeitungen oder im Internet macht deutlich, welche große Anzahl von Indizes vorliegen. Die Verbreitung bzw. das Erlangen von öffentlicher Aufmerksamkeit kann für den jeweiligen Index positive Effekte erbringen. Denn dann funktioniert das System ähnlich wie jedes andere Werbeprodukt und wenn man einen Index bewirbt, dann steigen die Chancen an, dass neue

Anleger sich für den jeweiligen Index begeistern können. Dadurch steigen möglicherweise aufgrund der Vielzahl an neuen Investoren letztlich auch die Kurse der Indizes an. Doch nicht nur bei der Veröffentlichung von den Quartalszahlen geraten die Kurse unter Druck bzw. steigen rasant an, auch politische Ereignisse können diese Effekte nach sich ziehen.

Wenn Sie sich später einmal mit Ihrer Geldanlage auseinandersetzen und die Entwicklung in der Vergangenheit analysieren wollen, kann das Überprüfen der Performance der jeweiligen Indizes einer Branche für Sie einen Richtwert in Ihrer Analyse darstellen.

Deutsche Börse

Wie Sie bereits erfahren haben, ist an der deutschen Börse der Leitindex der deutsche Aktienindex, kurz DAX30. Dieser gilt als der größte kennzahlgebende Index Deutschlands und gibt einen deutlichen Überblick über die aktuelle wirtschaftliche Konjunktur in Deutschland.

Die deutsche Börse konzipiert, berechnet und verteilt aktuell über 3.000 verschiedene Indizes. Damit man den Überblick in diesem Chaos behält, haben sich an der Börse sogenannte Dachmarken durchgesetzt, welche die Börse etwas übersichtlicher und strukturierter machen. Unter diesen fallen der DAX 30, der DAXplus, der DAXglobal. Zudem bieten die Indizes der Basiswerte wieder rund um den DAX 30, den MDAX und den DivDAX eine hohe Transparenz und letztlich eine deutliche Struktur im deutschen Markt.

An der Börse wird es den Anlegern möglich, durch den DAXglobal an den weltweiten Entwicklungen, den sogenannten Emerging Marktes, teilzunehmen. Hingegen der DAXplus bietet den Investoren die Möglichkeit, ein eigenes Risikoprofil gegenüber dem gesamten Markt zu etablieren. Dies liegt daran, dass dieser den Schwerpunkt in die Richtung moderner Portfolios richtet und aus einer Kombination an innovativen

Weiterentwicklungsmöglichkeiten festhält und dabei klassische bzw. traditionelle Indizes mit neuen Anlagemöglichkeiten einbezieht. An der Börse haben Sie als Anleger die freie Wahl, sich zwischen den Indizes oder einzelnen Unternehmen zu entscheiden und Ihr Geld gewinnbringend zu vermehren. Letztlich sollte Ihre Anlage stets orientiert an Ihrem eigenen Wertesystem und Risikoprofil sein. Damit Sie bei dieser Auswahl etwas unterstützt werden, wird es in einem späteren Kapitel noch ausführlicher über das Thema des Risikoprofils gehen.

Was noch interessant ist zu wissen, ist, dass die jeweiligen Indizes immer wieder an das aktuelle Marktgeschehen angepasst werden und sich somit meist in festgelegten Abständen verändern. Dadurch soll dem Risiko entgegengewirkt werden, dass Unternehmen im Index enthalten sind, welche lange keine wahren Strukturen oder umsatzerzielenden Unternehmungen an den Tag bringen. Das Ziel der deutschen Börse ist hierbei stets, sich an den Interessen der Anleger zu orientieren und den Anforderungen an den Markt gerecht zu werden.

Das Abbilden einer Branche gibt es bereits seit mehreren Jahrzenten, so wurde der DAX beispielsweise in den 1980er Jahren gegründet und wird bereits seit 1988 von der Deutschen Börse kontrolliert, errechnet und letztlich auch reguliert. Dabei hat der Index seinen Ursprung in einem einfachen Börsenmagazin und der dazugehörigen deutschen Wertpapierbörse. Damals war die Prämisse, damit ein Unternehmen in den DAX 30 hineinkommt, dass dieses zu den 30 größten und vor allem umsatzstärksten Unternehmen Deutschlands hinzuzählt. Als dann die Börse in Frankfurt letztlich den Index mit aufnahm, entstand bei den Anlegern ein großes Interesse, sich zu beteiligen. Denn die Investoren waren begeistert von der übersichtlichen und simplen Handhabung des Indizes. Vor allem wurde es für Laien etwas einfacher, am Markt zu partizipieren und man war nicht mehr ausschließlich von vermeintlichen Experten der Börsen abhängig, um in ein Unternehmen investieren zu können. Mittlerweile gibt es einige weitere Bedingungen, welche die Firmen des DAX 30 erfüllen müssen, damit sie in den deutschen Leitindex aufgenommen werden können. Denn die Unternehmen müssen zum Beispiel ihren eigenen Handel dann an den deutschen Handelszeiten der deutschen Börse vereinbaren und ihren Hauptumsatz der Aktien in Deutschland erwirtschaften bzw. zumindest ihren Hauptwohnsitz in Deutschland haben. Zusätzlich haben sie vorgeschrieben, dass sie mindestens 10 Prozent ihres Streubesitzes, sprich ihres gesamten Aktienkapitals, zum freien Handel zur Verfügung stellen müssen. Durch das Siegel der sogenannten „Prime-Standards" müssen Unternehmen des DAX 30 an der deutschen Börse gelistet werden, dieser kontrolliert und analysiert die jeweiligen Unternehmen und deren Standards.

Ein weiterer wichtiger Index ist der sogenannte MDAX, welcher etwa fünfzig mittelgroße deutschen Aktiengesellschaften beinhaltet. Dabei ist allerdings eine Vielzahl der Unternehmen zwar in Deutschland tätig, allerdings im Grundsatz als ausländisches Unternehmen gelistet. Dies Mehrzahl der Aktiengesellschaften sind hierbei im Bereich der Industrie tätig, sodass man durchaus die These aufstellen kann, dass sich der MDAX überwiegend mit der Weiterentwicklung von mittelgroßen Industriewerten auseinandersetzt. Hierbei ist ein starker Zusammenhang zwischen dem DAX 30 und dem MDAX gegeben, denn es ist in der Vergangenheit bereits des Öfteren vorgekommen, dass ein Unternehmen vom MDAX in den DAX 30 „aufgestiegen" ist. Denn die Firmen aus dem größten deutschen Leitindex stehen unter einem großen Leistungsdruck und letztlich auch in direkter Konkurrenz zueinander. Schwächelt ein Unternehmen und verliert an Umsatz oder auch Marktkapitalisierung, ist es möglich, dass es in den MDAX gehen muss. Die Firmen des MDAX werden in der Fachsprache auch als sogenannte Mid Cap Unternehmen bezeichnet.

Mid Caps

Unter den Mid Cap Aktien werden eben die mittelgroßen Unternehmen aufgefasst, wobei sich die jeweiligen Größenkriterien an den Aktiengesellschaften und deren jeweilige Marktkapitalisierung orientieren. Aus einer speziellen Formel wird der Börsenwert eines Unternehmens abgeleitet. Wenn ein Unternehmen in den MDAX aufgenommen werden will, müsste die jeweilige Marktkapitalisierung zwischen ca. 500 Millionen Euro und 2 Milliarden Euro liegen.

Allgemein wird der MDAX bereits seit dem Jahr 1996 in Deutschland abgebildet und stellt den bekanntesten Nebenwert neben dem deutschen Leitindex dar. Gerade wenn Sie ein Anleger sind, welcher bereit ist, ein etwas höheres Risiko bei der eigenen Geldanlage einzugehen, kann sich eine Investition in ein Unternehmen der MDAX für Sie als lohnenswert erweisen. Denn dadurch, dass diese nicht im großen Rampenlicht wie ein Unternehmen aus dem DAX 30 stehen, sind die Steigerungspotentiale noch etwas höher zu ermessen. Allerdings sind höhere Renditen auch mit einem hohen Risiko verbunden und gerade als Investoren eines im MDAX gelisteten Unternehmens sollten Sie sich darüber im Klaren sein. Wenn Sie allerdings von der Grundidee bzw. der Firma insgesamt überzeugt sind und eine gute Zukunft prognostizieren, können Sie durch die Anlage in die Gesellschaft hohe Rendite erwarten. Denn wenn das Unternehmen zum Beispiel den Aufstieg in den DAX 30 schaffen sollte, werden sich die Kurswerte möglicherweise massiv steigern. Natürlich kann sich dies auch ins Negative entwickeln. Gerade die Firmen aus dem MDAX sind meistens etwas spezialisierter und auf die Entwicklung von Nischenprodukten konzentriert. Wenn dem hergestellten Produkt nun kurzfristig etwas in den Weg kommt und das Interesse rapide abnimmt, werden die Kurse massiv purzeln. Doch gerade für die risikofreudigeren unter Ihnen kann es sehr rentabel sein und es empfiehlt sich dann durchaus, einzelne Unternehmen in Ihren Vermögensaufbau einzubauen.

Erwähnenswert ist zudem noch der SDAX, welcher sich auf die etwas kleineren Unternehmen konzentriert, die noch nicht die Größe der Firmen aus dem MDAX haben. In diesem Index sind Unternehmen aus unterschiedlichen Branchen von der Industrie bis zu Finanzdienstleistungen enthalten. Die sogenannten Small Cap Unternehmen stehen in Verbindung mit einem hohen Risiko und sind daher mit Vorsicht zu genießen.

Weitere bedeutsame Indizes

Da wir uns im weiteren Verlauf detailliert mit dem Thema der ETFs auseinandersetzen werden, erhalten Sie nun auch noch einen Einblick über weitere möglicherweise für Sie interessante Indizes.

In der aktuellen Zeit und dem gesellschaftlichen Wandel, in welchem zweifelsohne die technologischen Entwicklungen von Unternehmen rasant zunehmen und gleichzeitig das Thema der Nachhaltigkeit von großer Bedeutung ist, lohnt es sich, einen Blick in den ÖkoDAX und den TecDAX zu werfen.

Die Unternehmen des ÖkoDAX konzentrieren sich auf Firmen, welche sich mit dem Thema des Umweltschutzes und der Erzeugung erneuerbarer Energien beschäftigen. Es geht darum, die Aktiengesellschaften zu unterstützen, welche sich auf die Gewinnung der sogenannten gesunden Energiequellen konzentrieren. Der Anleger hat das persönliche Ziel, gleichzeitig von den Fortschritten der Nachhaltigkeit aus Wind, Biomasse, Wasser, Sonne und vielen weiteren zu profitieren und gleichzeitig etwas Gutes zu tun.

Gerade im Laufe des Jahres 2020 und dem Beginn der Corona Pandemie schossen die Kurse solcher Unternehmen durch die Decke und auch in Zukunft wird dem Thema wohl eine große Aufmerksamkeit zugeordnet werden. Auch in der Finanzbranche ist dieses gesellschaftliche Interesse bereits bekannt geworden und immer mehr Unternehmen versuchen, auf diesen „Money Train" mit aufzuspringen. Dies ist ein weiterer Indikator dafür, dass sich das allgemeine Bild der Finanzwelt verbessert, denn sein Geld gewinnbringend anzulegen und dabei etwas für die Umwelt zu tun, wird wohl kaum gegen die Interessen der Menschen sein. Dabei bietet der ÖkoDAX einen transparenten und liquiden Einblick in die Unternehmen des deutschen Sektors, welche sich der Nachhaltigkeit widmen. Dabei wird jeweils vierteljährig die Zusammensetzung des Indizes überprüft und die neuen Rechnungen vollzogen, um die jeweiligen Basiswerte der Unternehmen herauszufinden. Letztlich sind die Unternehmen dazu gezwungen mitzumachen, wenn sich eine Vielzahl der Anleger dazu entscheidet, das Thema der erneuerbaren Energien fördern zu wollen.

Zudem ist in der heutigen Zeit die Branche der Technologien nicht außer Acht zu lassen. Somit hat auch der TecDAX einen absolut berechtigten Platz in der Finanzwelt bzw. an der Börse. Dieser orientiert sich an den 30 größten Werten der Technologiebranche, bezieht hierbei jedoch nicht ausschließlich deutsche Unternehmen mit ein, sondern konzentriert sich auf den globalen Markt. Das Ziel ist dabei, den Sektor der Technologien so abzubilden, dass die Anlegerschaft ein ganzheitliches Entwicklungsbild von der Branche erhält.

Während des Beginns der Corona Krise fielen auch in diesem Index die Kurse rasant nach unten. Allerdings konnten sich die Einzelwerte bereits wieder auf ein neues Allzeithoch steigern. Dies verdeutlicht, dass die Menschen auch in Zeiten der Krise dem Thema der Technologien eine vielversprechende Zukunft voraussagen und dass trotz der bereits üppigen Kurse der Weg zu weiteren Kursanstiegen möglich ist. Allerdings sollten Anleger bei einer konzentrierten Anlage in einen einzelnen Sektor niemals die damit einhergehenden größeren Risiken vergessen.

WARUM GEHT EIN UNTERNEHMEN AN DIE BÖRSE?

Diese Frage haben Sie sich wohl bereits in den vorherigen Abläufen gefragt: „Warum geht ein Unternehmen eigentlich an die Börse?" Das grundlegende Bestreben, was die jeweiligen Unternehmen sich mit einem Börsengang erhoffen, ist in den meisten Fällen die Erhöhung der eigenen Ressourcen. Damit ist vor allem das Erhalten von mehr Kapital gemeint, um die eigene Firma voranzubringen. Denn durch die Ermöglichung, neue Investitionen tätigen zu können, führt ein Unternehmen dazu, höhere Umsätze und letztlich meist auch höhere Gewinne erzielen zu können.

Eine Firma wird zu einer Aktiengesellschaft, indem sie Anteile oder Rechte von ihrem Unternehmen zum Handel an der Börse zur Verfügung stellt. Dabei kommt die Firma zu neuem Geld, indem sie diese Anteile an Investoren verkaufen. Dadurch kann die weitere Expansion oder generell die Forschung und Entwicklung vorangetrieben werden und das Unternehmen erhält weitere neue Einnahmen.

Gleichzeitig erhoffen sich die Anleger durch den Kauf eines Wertpapieres die Steigerung des Wertes. Dies geschieht dadurch, dass die Anlegerschaft eine hohe Nachfrage an den begrenzten Anteilen zeigt, der Wert der einzelnen Kurse entwickelt sich positiv und somit hat das jeweils unterstütze Unternehmen und der Anleger von den Handlungen profitiert.

Letztlich kann das Unternehmen den Börsengang an der deutschen Börse in Gang treten und im Anschluss an einem der jeweiligen Handelsplattformen gehandelt werden.

DIVIDENDE

Die von vielen Anlegern erhofften Gewinne durch die Bereitstellung für ihr Kapital durch den Erwerb von Wertpapieren werden durch sogenannte Dividenden unterstützt. Denn die Unternehmen stehen einer großen Konkurrenz am Markt gegenüber und müssen letztlich die Investoren davon überzeugen, dass diese ihr Geld in ihre Firmen investieren. Damit die Anleger hierzu angereizt werden, zahlen einige Firmen den Aktionären in zuvor festgelegten Abständen sogenannte Dividenden aus. Die Unternehmen beteiligen die Anleger an ihren Gewinnen bzw. an der eigenen Entwicklung.

Dabei wird in der Jahreshauptversammlung vom Vorstand der Firma ein begründeter Vorschlag für die Höhe der Dividendenauszahlung gemacht. Im Anschluss stimmen die Eigentümer und Anleger gemeinsam darüber ab, ob die Höhe der Auszahlung gerechtfertigt ist. Falls Sie nun der Meinung sind, dass es sich bei einer sehr hohen Dividendenausschüttung gleichzeitig um eine besonders gute Entwicklung eines Unternehmens handelt, muss ich Sie enttäuschen. Denn man muss schon immer die Hintergründe über die jeweiligen Auszahlungen betrachten und dann wird die Korrelation zwischen Ausschüttungshöhe und Entwicklung eines Unternehmens nicht bestätigt. Denn dadurch verliert die Firma an Kapital und somit auch an Wirtschaftsfähigkeit. Zudem sind Dividenden auch oftmals bei Unternehmen enthalten, welche in Branchen tätig sind, die nicht mehr dem aktuellen gesellschaftlichen Zeitgeist entsprechen, weshalb beispielsweise in der Ölbranche die Auszahlung hoher Dividenden oft gegeben ist. Dieser Sektor erfährt immer weniger Aufmerksamkeit und gleichzeitig erhöhen sich die Ausschüttungen regelmäßig. Dies spricht nicht gerade für eine gesunde Entwicklung einer Aktiengesellschaft oder einer Branche.

Allerdings sollen Sie nun keinesfalls an der Idee der sogenannten Value Investing Strategie zweifeln, denn es gibt natürlich auch Unternehmen, die ein gesundes Verhältnis zwischen ihrer Entwicklung und den ausgezahlten Dividenden vorliegen haben. Eine solide Dividendenrendite liegt in der Regel bei einem Wert von 2 - 3 Prozent jährlich. Im besten Fall zahlt das Unternehmen diese Beteiligungen von ihrem in diesem Jahr erhaltenen Gewinn aus. Dann ist die Rede von einem nachhaltigen Unternehmensgewinn, da die Firma zwar Teile ihres Profites ausbezahlt, allerdings den Rest für die weitere Entwicklung und Expansion nutzen kann. Auch einige Börsenlegenden wie Warren Buffet setzen seit mehreren Jahrzenten auf die Value Investing Strategie und profitieren regelmäßig von den Dividendenausschüttungen. Grundsätzlich wird bei Wertpapieren zwischen „thesaurierenden" und „ausschüttenden" unterschieden.

Thesaurierende Wertpapiere

Lassen Sie sich nicht irritieren von der Begrifflichkeit, letztlich bedeutet dies lediglich, dass der erzielte Gewinn nicht an die einzelnen Anleger beispielsweise in Form einer Dividende ausgezahlt wird. Das Unternehmen behält diese ein, um die Unternehmensentwicklung weiter voranzutreiben.

Letztlich erfährt der Investor nicht weniger eigenen Gewinn, da sich dieser einfach in den jeweiligen Kursen des Wertpapieres versteckt. Dadurch entstehen gerade bei einem langfristigem Vermögensaufbau bedeutsame steuerliche Vorteile, von welchem die Anleger profitieren. Abschließend entsteht für thesaurierende Unternehmen teilweise sogar ein kleiner Vorteil im Wettbewerb, da diese im Vergleich mit ausschüttenden Firmen ihre gesamten Gewinne reinvestieren können und durch die Auszahlungen nicht gebremst werden.

Ausschüttende Wertpapiere

Allerdings können auch die ausschüttenden Wertpapiere für Sie als Anleger Vorteile bringen. Grundlegend macht es hierbei Sinn, sich zuvor eine Strategie zu überlegen, an welcher möglichst konsequent festgehalten werden soll. Für uns Investoren kann es im Alltag sehr angenehm sein, wenn man innerhalb fester Zeitabschnitte von seinen Geldanlagen profitiert und regelmäßig etwas vom Gewinn eines Unternehmens abbekommt.

Dadurch kann der Effekt eines passiven Einkommens für Sie in Gang gebracht werden, ohne sich von Ihren Strategien der getätigten Investitionen abbringen zu lassen. Bei einem gesunden Unternehmen wirkt sich die Auszahlung der Gewinne auch nicht direkt negativ auf das tägliche Geschäft aus. Gerade bei sehr großen Unternehmen geht es im weiteren Sinne auch nicht mehr so stark um die Expansion und Vergrößerung im Verhältnis zu kleineren Unternehmen oder denjenigen, denen die Zukunft nicht allzu viel Hoffnung entgegenbringt.

Überblick Anlageklassen

Im nun folgenden Abschnitt sollen sich Ihre grundlegenden Kenntnisse bezüglich der Ihnen zur Verfügung stehenden Anlage- oder Assetklassen, welche an der Börse zum Handel stehen, erweitern und diese in ihren Grundzügen verstehen. Denn an den spekulativen Kapitalmärkten gibt es eine riesige Vielfalt an verschiedenen Wertpapieren und einigen weiteren Möglichkeiten, wie Sie Ihr Geld anlegen könnten.

Oft entstehen gerade zu Beginn dadurch große Unsicherheiten bei den Neueinsteigern an den Börsen. Viele fühlen sich so überfordert, dass sie den Einstieg immer weiter nach hinten verschieben und letztlich ihren Vermögensaufbau über die klassischen und nicht gewinnbringenden Konten bei den Banken liegen lassen. Das große Ganze zu verstehen, ist auch von hohem Wert, allerdings benötigt es Grundkenntnisse, um sich an die Märkte heranzutrauen.

Grundsätzlich wird unter einer Anlage- oder Assetklasse ein bestimmtes Vermögenssegment verstanden, in welchem die Anleger und Investoren ihr Geld anlegen können. Dabei lässt sich die Komplexität dieser Vielfalt vereinfacht in klassische und alternative Anlageklassen unterscheiden.

KLASSISCHE ANLAGEKLASSEN

Die in Deutschland nach wie vor am häufigsten genutzte Assetklasse ist die klassische **Spareinlage** bei den jeweiligen Hausbanken. Diese wird häufig bei Filialbanken oder anderen Kreditinstitutionen eröffnet und ein Leben lang beibehalten. Denn die Geldeinlagen sind meistens nicht mit einer festgelegten Laufzeit begrenzt und waren zumindest in der Vergangenheit kostentechnisch für die Kunden im Verhältnis zum erhaltenen Service vertretbar.

Aufgrund der vorhandenen Einlagesicherung des Privatvermögens und den allgemein hohen Sicherheitsregularien haben sich die Spareinlagen in der Vergangenheit durchgesetzt. Nicht zur vergessen ist jedoch, dass aufgrund von täglichen Abhebegrenzen und anderen Sicherheitsmaßnahmen auch die Liquidität für die Kunden etwas leidet. Der wohl größte Faktor, warum sich mehr und mehr Menschen umorientieren, ist die Veränderung der ausgezahlten Zinsen an die Kunden für ihre Spareinlagen. Denn während man früher das Geld auf dem Sparkonto relativ rentabel vermehren konnte, so haben sich die Zeiten diesbezüglich geändert. Wie Sie bereits wissen, haben Sie als Kunde aufgrund von Nullzinspolitik keinen Profit durch die Spareinlagen zu erwarten. Ganz im Gegenteil - aufgrund der jährlichen Inflation von fast 2 Prozent verliert Ihr Geld an Wert. Das Geld also unberührt auf Ihrem Bankkonto liegen zu lassen, wäre daher wohl langfristig nicht sinnvoll.

Da wir den Rahmen dieses Kapitels nicht unnötig in die Länge ziehen wollen, konzentrieren wir uns nun auf die beiden anderen klassischen Anlageklassen, welche bereits seit längerer Zeit von einer verhältnismäßig großen Anzahl an Menschen genutzt wird.

Demnach sind die **Anleihen** eine der großen klassischen Assetklassen, welche bereits seit einiger Zeit von Investoren gewinnbringend verwendet werden. Grundsätzlich sind Anleihen festverzinsliche Schuldverschreibungen, welche zumeist mit einem langfristigen Zeitraum geltend gemacht werden und einen vertraglich festen Zeitrahmen enthalten. In diesem Vertrag wird die Tilgung, also die Begleichung der Anleihe, festgelegt.

Diese kann variieren und kann sich auf monatliche bis jährliche Begleichungssummen beziehen. Oft werden Anleihen in Form von Krediten bei der Vorfinanzierung von dem Bau eines Hauses oder ähnlichen Dingen ausgegeben. Generell beziehen sich Anleihen meist auf etwas höhere Geldsummen mit einem langfristigen Anlagehorizont.

Mittlerweile zählen ebenfalls die Ihnen bekannten **Aktien** zu den klassischen Anlageklassen. Eine Aktie ist ein Wertpapier in verbriefter Form, welches mit dem Erwerb bestimmte Anteile an einer Aktiengesellschaft zusichert. Wenn Sie eine Aktie eines Unternehmens erwerben, werden Sie meist zum Miteigentümer und erhalten je nach Art der Aktie gewisse Rechte, wie zum Beispiel ein Stimmrecht an der Jahreshauptversammlung. Grundsätzlich bringen einzelne Aktien ein relativ hohes Risiko für ihre Anleger mit sich, sodass sich der Erwerber bereits mit dem Kauf über diese riskantere Anlageform im Klaren sein sollte.

ALTERNATIVE ANLAGEKLASSEN

Die alternativen Anlageklassen könnten grundsätzlich ein eigenes Buch für sich in Anspruch nehmen. Wir konzentrieren uns hier in diesem inhaltlichen Abschnitt lediglich auf die drei geläufigsten in der täglichen Praxis.

Beginnen wir mit der Anlageklasse der **Immobilien**, welche gerade in Deutschland einer großen Aufmerksamkeit entgegenkommt. Die Preise gehen durch die Decke und für die Investoren klingelt der Geldbeutel. An der Börse haben Sie als Anleger auch die Möglichkeit, sich mit geringeren Geldsummen an der Anlageklasse zu beteiligen. Zum Beispiel können Sie mittels eines Immobilienfonds partizipieren und letztlich auch durch die jeweiligen Wertsteigerungen und langfristigen Miteinnahmen teilhaben. Dabei gibt es die sogenannten geschlossenen Immobilienfonds, welche so lange laufen, bis eine zuvor festgelegte Geldsumme eingesammelt wurde und die Investoren sich bei der Finanzierung einer solchen Handlung beteiligen können. Des Weiteren gibt es auch die Möglichkeit, dass Sie Ihr Geld in einem offenen Immobilienfonds anlegen können, hierbei gibt es kein Limit oder Ziel, welches durch die Geldanlagen erreicht werden soll. Grundsätzlich versuchen beide Formen langfristige Gewinne zu erzielen.

Eine weitere Assetklasse ist die der **Rohstoffe**, welche in der Geschichte des Handels an den Börsen schon immer einen festen Platz hatte. Dabei kann man die grobe Unterscheidung zwischen den sogenannten Hard und Soft Commodities vornehmen. Während es ich bei den Hard Commodities um die Rohstoffe, welche man abbauen kann, handelt, wie zum Beispiel Kupfer oder Erdgas, so handelt es sich bei den Soft Commodities um die Rohstoffe, welche angebaut werden können, also beispielsweise Soja oder Baumwolle. Grundsätzlich gehören zur zweiten Gruppe aber auch Nutztiere, welche ebenfalls an der Börse gehandelt werden können. Meistens wird der Handel an den Börsen über die Abbildung der Rohstoffe in einem Index vollzogen und nur sehr selten über direkte Investitionen abgeschlossen.

Abschließend lohnt es sich, einen Blick in eine aktuell äußerst volatile Anlageklasse zu werfen. Die Rede ist von den sogenannten **neuen Finanzprodukten**, welche gerade bei den jüngeren Anlegern eine hohe Beliebtheit erfährt. Denn diese zeigen oftmals eine höhere Risikobereitschaft als die älteren Investoren und diese benötigen sie in dieser Anlageklasse auch. Denn die neuen Finanzprodukte bringen oftmals hohe Gewinn-, aber auch Verlustpotentiale mit sich. Diese Volatilität resultiert aus der Wert- und Preisbildung der Produkte, welche sehr stark an die Nachfrage auf die Angebote gekoppelt ist. Oft haben die Anlagen oder Unternehmen bzw. deren Produkte keinen realen Gegenwert, sondern sind ebenso viel wert, wie die Anleger bereit sind zu zahlen. In den Medien hören Sie aktuell wohl häufiger von den sogenannten Kryptowährungen, wie zum Beispiel dem Bitcoin. Dieser und viele weitere gehören dieser Anlageklasse an.

Gerade die neueren Anleger unter Ihnen sollten jedoch die neuen Finanzprodukte mit einer größeren Sorgfalt behandeln, als es einige andere Börsianer aktuell tun. Denn die Zukunft selbst der größten Kryptowährungen ist aktuell noch unerforscht und daher doch unsicherer als andere Währungssysteme und Anlageklassen. Um trotzdem auf den Zug mit aufzuspringen, macht es möglicherweise auch für Sie Sinn, wenn Sie einen kleineren Teil Ihres Vermögens bzw. Anlagekapitals den neuen Finanzprodukten widmen.

Bis hier hin haben Sie eine solide Grundlage bezüglich Ihrer Kenntnisse rund um die Finanzwelt erhalten. Allerdings sollten Sie niemals vergessen, dass an der Börse die Zukunft gehandelt wird und es Ihnen als Anleger nicht möglich ist, sich nicht auf den aktuellen Stand der Zeit zu begeben. Stetig sollten Sie Ihren Wissensstand auffrischen und immer „up to date“ bleiben. Für einige unter Ihnen klingt das wohl erst einmal etwas einschüchternd, doch jetzt kommen wir zum ermutigenden Teil. Denn an der Börse gibt es auch Wege, mit welchen es Ihnen ermöglicht wird, ohne riesige Grundkenntnisse teilzunehmen. Es gibt nämlich Anlagenmöglichkeiten, welche man sehr passiv vollziehen kann, ohne einen größeren Nachteil gegenüber anderen Anlegern zu entwickeln. Schieben Sie den Vermögensaufbau nicht weiter hinaus und fangen Sie an. Denken Sie an den exponentiellen Effekt des Zinseszinseffektes und profitieren Sie von einem langfristig angelegten Anlagehorizont.

Investmentfonds & ETFs

Wir beschäftigen uns in diesem Kapitel mit einer eher passiv angelegten Anlagestrategie, welche sich gerade für die Unentschlossenen unter Ihnen, die Einsteiger oder auch für einen langfristigen Vermögensaufbau ausrichtet. Dabei werden Ihnen zwei kategorisch unterschiedliche Anlagemöglichkeiten vorgestellt, welche langfristig für die Erfüllung Ihrer Ziele durch Ihre Beteiligungen an der Börse mitverantwortlich sein können.

GRÜNDE, IHREN VERMÖGENSAUFBAU ANZUGEHEN

Die Zieldefinition ist einer der wohl wichtigsten Punkte, über welchen Sie sich vor Beginn Ihrer Investitionen bewusstwerden sollten. Denn dies sollte in Ihrem späteren Risikoprofil und der generellen Anlagesumme mit einbezogen werden. Grundsätzlich eignet sich der Handel an der Börse für die unterschiedlichsten Menschen bzw. deren Bedürfnisse. Allerdings spielen sowohl die dabei ausgewählte Risikobereitschaft als auch der Anlagehorizont eine entscheidende Rolle.

Nur Sie selbst können Ihre Gründe für Ihren Vermögensaufbau definieren, denn während der eine sich eine externe Absicherung für das eigene Alter wünscht, zielt ein anderer auf den Kauf seines neuen Autos ab. Die Basis jeder Anlage kann an der Börse Schritt für Schritt gemacht werden und das Gute daran ist, dass dies bereits mit geringen Kapitalsummen möglich ist.

Grundlegend wünscht sich jedoch jeder von uns eine finanzielle Absicherung für schlechtere Zeiten bzw. eine allgemeine Sicherheit. Diese kann durch einen langfristigen Anlagehorizont auch mit wenig Geld gelingen.

Immer beliebter werden dabei die passiven Anlegemöglichkeiten, bei welchen man sich um den Vermögensaufbau nicht aktiv kümmern muss. Die beiden beliebtesten Anlageformen sind das Investieren in sogenannte Investmentfonds und Exchange Tradet Funds (kurz ETF). Diese werden wir uns nun genauer anschauen und letztlich sollen Sie dazu befähigt werden, das für Sie passende auswählen zu können.

INVESTMENTFONDS

Stellen Sie sich einen Investmentfonds als einen großen Topf voller Geld vor. Das Vermögen des Fonds wird durch Eigenkapital und dem Angelegten der Investoren eingesammelt und dem Fonds anvertraut. Dieser hat somit größere Kapitalsummen zur Verfügung, was meist positive Auswirkungen auf seinen Markteinfluss mit sich bringt. Die Intention der Anleger und des Fonds ist es nun, dass das Geld an der Börse gewinnbringend angelegt wird und sich somit die Geldmenge langfristig erhöht.

Grundsätzlich ist es dabei dem Fonds offen überlassen, in welche Assetklassen er das Geld investiert. Sie als Anleger haben jedoch bei der Auswahl Ihres Fonds die Möglichkeit, genau dies zu beeinflussen und können Ihren Fonds anhand Ihrer Werte und Wünsche auswählen. Dann haben Sie auch die Option zur Auswahl, angeben zu können, ob der Fond in eine bestimmte Anlageklasse wie Aktien, Indizes, Rohstoffe, Immobilien oder nach festgelegten Konzepten das Geld anlegen soll.

Gerade bei den jüngeren Investoren sind nachhaltig ausgelegte Fonds sehr beliebt und profitieren vom Boom des Marktes in diesem Bereich. Die Verantwortung über die getätigten Anlagen und letztlich auch über die Wertentwicklung des Vermögens tragen dabei die jeweiligen Fondsmanager. In einem Fonds arbeiten jedoch noch einige weitere Mitarbeiter wie zum Beispiel die sogenannten Analysten. Diese beschäftigen sich mit der Analyse von Anlagemöglichkeiten und auch mit den

Unternehmen, in welche der Fonds investiert. Die Manager des Fonds sind für die am Ende getroffenen Entscheidungen verantwortlich, hierzu gehört auch das sogenannte Rebalancing. Denn der Fonds stellt in Ihrem Depot ein Portfolio aus Investitionen zusammen. Wenn sich nun ein einzelner Wert besser entwickelt als andere, so gilt, in regelmäßigen Abständen zu überprüfen, ob man das Depot wieder etwas ausgeglichener umschichtet und die Werte wieder an die zuvor festgelegte planmäßige Gewichtung anpasst. So das war viel Fachsprache auf einen Haufen, deshalb räumen wir nun die Unsicherheiten aus dem Weg und klären die Begrifflichkeiten. Allerdings werden Sie hier zunächst überblickartige Informationen erhalten, auf welche in späteren Kapiteln noch genauer Bezug genommen wird.

- **Depot**: Es handelt sich hierbei um ein spezielles Konto, welches für den Handel an der Börse zugelassen bzw. legitimiert ist. Auf einem Depotkonto können Sie als Anleger den Handel mit Finanzprodukten vollziehen, also Wertpapiere kaufen und verkaufen. Das Depot fungiert hierbei sozusagen als ein Ort, an dem Ihre erworbenen Finanzprodukte gesammelt werden und man die vergangenen Handelsaktivitäten einsehen kann.

- **Portfolio**: Dies können Sie sich als einen Ort vorstellen, an welchem alle Ihre Anlagen und getätigten Investitionen gesammelt werden. Also zum Beispiel kann in Ihrem Portfolio Ihr Depot und Ihr Eigenheim oder auch eine Briefmarkensammlung enthalten sein. Das Ziel ist dabei stets, dass Sie innerhalb aller Anlagen den Überblick behalten können.

- **Rebalancing** & Risikodiversifikation: Die einzelnen Begriffe weisen eine große Abhängigkeit zueinander auf. Unter der Diversifikation wird im Kontext der Finanzen die Aufteilung Ihres Anlagekapitals auf verschiedene Investitionsmöglichkeiten verstanden. Dabei hat jede Assetklasse unterschiedliche Risikofaktoren, welche es zu beachten gilt. Das Ziel ist, durch die Streuung des eigenen Anlagevermögens auf verschiedene Assetklassen oder zumindest verschiedene Einzelwerte von Unternehmen man im Falle von hohen Verlusten einzelner Firmen das eigene Risiko im Gesamtportfolio geringhält. Das Rebalancing ist gerade bei aktiv betreuten bzw. verwalteten Anlagestrategien eine Begleiterscheinung mit wichtiger Bedeutung. Denn vor allem diejenigen, welche einen langfristig angelegten Anlagehorizont haben, sollten in festgelegten Abständen die einzelnen Werte ihres Depots an ihre vor den Investitionen festgelegten prozentualen Gesamtanteile anpassen. Die Werte der einzelnen Unternehmen entwickelt sich nämlich stets unterschiedlich und dadurch verschieben sich diese Anteile.

Um die Gewichtung der prozentualen Anteile des Depots nicht aus den Augen zu verlieren, müssen die Aktionäre ihre Depots regelmäßig neu verwalten und gegebenenfalls ihr Vermögen umgewichten.

Sie wissen bereits aus dem Kapitel der Anlageklassen, dass es verschiedene Fondsarten gibt, welche sich grundsätzlich in geschlossene und offene Fonds unterscheiden lassen. Allerdings gibt es einige weitere interessante Formen eines Investmentfonds, welche für Sie eine Rolle spielen könnten. Damit Sie sich bei dieser Auswahl etwas leichter tun, erhalten Sie hier einen kurzen Überblick über weitere Formen von Fonds.

Beginnen wir mit dem **Geldmarktfonds**, welche sich meistens auf verzinsliche Anlagen mit einer relativ kurzen Laufzeit konzentriert. Wenn Sie als Investor einen geringen Anlagehorizont von ca. einem Jahr wünschen, könnte diese Fondsart für Sie sinnvoll sein. Grundsätzlich bietet Ihnen hierfür allein der deutsche Markt über 80 verschiedene Geldmarktfonds, in welche Sie Ihr Vermögen für einen kurzen Zeitraum anlegen können.

Die Großzahl dieser Investitionen bezieht sich auf das zur Verfügung stellen von Kapital für Banken. Das heißt, dass Sie einem bestimmten Fonds das Geld bereitstellen und dieser das gebündelte Kapital in großen Summen an einen Großabnehmer wie eine handelsübliche Bank weiterleitet und dafür eine Provision erhält. Beachtenswert ist, dass Sie dabei nur sehr geringe Risiken für einen möglich Verlust Ihrer Anlage haben, allerdings auch die Rendite eher gering ausfällt. Der Vorteil ist eben das niedrige Risiko und auch der kurze Anlagezeitraum.

Für die etwas Risikofreudigeren unter Ihnen könnten **Aktienfonds** sinnvoll sein, welche nicht nur in Deutschland, sondern auf der ganzen Welt die größte Fondsgruppe darstellen. Diese sind gerade deshalb so beliebt bei den Investoren, da die Fondsgesellschaft die Diversifikation und damit auch die Risikostreuung/ -minimierung für ihre Kunden übernehmen. Gleichzeitig sind den Anlegern verhältnismäßig große Renditen in Aussicht gestellt, welche sich aus der Steigerung der Kurswerte oder beispielsweise auch aus den Auszahlungen von Dividenden ergeben.

Bei der Auswahl sollten Sie als Anleger jedoch den jeweiligen Fonds detailliert betrachten und zuvor herausfinden, in welchen Branchen, Unternehmen, Ländern oder generell Bereichen der jeweilige Fonds das Kapital investiert. Allgemein bringen Aktienfonds etwas höhere Risiken mit sich, denn gerade in Zeiten eines Börsencrashs oder ähnlichen Problemen können die Kurse negative Entwicklungen vollziehen. Allerdings sinkt mit jedem Anlagejahr die Wahrscheinlichkeit, dass Sie insgesamt mit Ihrer Anlage Verluste verbuchen werden.

In der heutigen Zeit könnte für viele unter Ihnen allerdings auch ein **Rentenfonds** sinnvoll sein. Diesem wird bereits eine hohe Aufmerksamkeit entgegengebracht und in Deutschland ist dieser bereits die zweit beliebteste Fondsgruppe. Dabei investieren die Anleger in verzinsliche Wertpapiere, wie zum Beispiel unternehmensbezogene oder staatliche Anleihen mit verschiedenen Laufzeiten. Die Erträge aus Zinsen und Dividenden, welche der jeweilige Fonds verbucht, werden meist für die Auszahlung bzw. Bezuschussung der Rentenbeträge der Menschen verwendet.

Die Risiken der Rentenfonds sind allgemein ebenfalls eher gering und bieten dabei durchschnittliche Erträge. Gerade für die etwas konservativeren Anleger unter Ihnen und diejenigen mit einem etwas längeren Anlagehorizont könnte diese Fondsart sinnvoll sein.

Zudem wird auch Anlegern, welche über geringes Kapital verfügen, ermöglicht, dass sie am **Immobilienmarkt** mitverdienen können. Die Unterscheidung zwischen geschlossenen und offenen Fonds kennen Sie bereits. Allgemein wandelte sich die Finanzbranche massiv durch die Krise aus dem Jahre 2008, welcher gerade der Immobilienbranche schwer zusetzte. Seither gehen die Preise scheinbar ins Unermessliche und die Miteinnahmen und Werte einzelner Immobilien sind für die Vermieter zumindest sehr rentabel. Es empfiehlt sich, einen langfristig ausgelegten Anlagezeitraum von mindestens fünf Jahren zu haben.

Letztlich werfen wir noch einen kurzen Blick auf den **Mischfonds** des Finanzmarktes. Dieser stellt einen Kombinationsfonds aus den anderen Fonds dar und versucht, die jeweiligen Vorteile einzelner Branche zu erfassen und gebündelt zu profitieren. Anlagearten wie Rohstoffe, Immobilien, verzinsliche Wertpapiere, Aktien und viele weitere werden mit in die Anlagestrategie des Fonds einbezogen, woraus sich eine Vielzahl an Ertragsmöglichkeiten erhofft wird. Ab einem Anlagehorizont von drei Jahren kann das Risiko auf die erhofften Erträge in ein sinnvolles Verhältnis für die Anleger in Betracht kommen.

Allgemein erfahren die Investmentfonds bei den Anlegern große Beliebtheit, aus diesem Grund werden wir uns nochmals kurz mit den Vor- und Nachteilen der Fonds beschäftigen.

Vor- und Nachteile eines Investmentfonds

Besonders für die jüngeren Anleger unter Ihnen bzw. diejenigen, die noch keinerlei Erfahrung bezüglich der Börse haben und den Vermögensaufbau stets vor sich hinschieben, können die Fonds geeignet sein.

Denn einige Menschen haben große Unsicherheiten, welche Investitionsmöglichkeit, die für sie Beste sein soll und verpassen es, den Anfang zu wagen.

Dadurch, dass man bei einem Fonds relativ passiv agiert aus der Sicht eines Anlegers und die Hauptarbeit bezüglich der aktiven Betreuung durch die Mitarbeiter des Fonds und deren Manager übernommen wird, fallen einige Hürden für die Investoren weg. Dadurch ist der Zeitaufwand relativ gering, denn gerade was die eigenständige Analyse von Unternehmen angeht, entfällt einiges an Arbeit für Sie. Letztlich profitieren Sie als Anleger von den Fachkenntnissen und dem Netzwerk des Fonds und können somit einen relativ gut abgesicherten Einstieg an die Börse schaffen. Gerade für diejenigen unter Ihnen, welche nur über monatlich geringe Sparraten verfügen, kann der Fonds ebenfalls eine sinnvolle Möglichkeit sein, um an verschiedenen Assetklassen mit einer breiten Diversifikation und einer aktiven Verwaltung das eigene Geld relativ gesichert anlegen zu können.

Allerdings wird bei einem Investmentfonds die Rendite für die Anleger stark von den dafür fälligen Transaktionskosten und sonstigen Gebühren, welche für die Nutzung der Strukturen der Fonds nötig sind, beeinflusst. Dabei müssen Sie damit rechnen, dass die jeweilige Gesellschaft, welche den Fonds und dessen Vermögen verwaltet und betreut, den Service nicht kostenlos anbietet. Grundsätzlich fallen bei einem Fonds zwischen 2 - 3 Prozent an Provision gegenüber der Gesellschaft an. Diese rechtfertigen sich dann, wenn der Fonds einen vergleichbaren Index aus den jeweiligen Branchen um diese entstehende Differenz der Gebühren schlägt. Dies gelingt einem Fonds natürlich nicht immer und dann werden die Fondsmanager zwecks einer Begründung über das Abschneiden bzw. die Performance an der Börse zur Rechenschaft gezogen. Ein weiterer Nachteil, welcher bei einem Investmentfonds vorliegt, ist, dass auf kurzfristige Marktbewegungen nicht so flexibel reagiert werden kann, wie es für einen Trader oder einzelnen Aktionär möglich ist. Denn die Handlungsentscheidungen an der Börse müssen stets gewisse Genehmigungsverfahren und Sicherheitsstufen durchlaufen und werden dann erst durchgeführt.

Die Gründe, warum wir uns dem Thema der Investmentfonds ausgiebig angenähert haben, sind, dass die Investitionen der Fonds stets den Index ihrer jeweiligen Branche schlagen sollten. Grundsätzlich haben die Börsianer früh erkannt, dass der zum Vergleich mit dem jeweiligen Index mit einem Fonds auch die Performance der Indizes wertschätzt. Denn wenn sich ein aktiv betreutes Fondsvermögen mit dem grundlegenden Abschneiden einer Branche messen muss, könnte es ja für manch einen sinnvoll sein, die relativ hohen Gebühren eines Investmentfonds zu umgehen. Dies war die Geburtsstunde der ETFs – den sogenannten Exchange Tradet Funds.

EXCHANGE TRADED FUNDS

Bei ETFs handelt es sich vereinfacht ausgedrückt um passive Investmentfonds, welche ähnlich wie Aktien und sonstige Wertpapiere an der Börse gehandelt werden können. Die meistens ETFs besitzen keine begrenzte Laufzeit und haben das Ziel, dass sie die allgemeine Wertentwicklung eines jeweils zugrundeliegenden Index abbilden können. Das heißt, dass sich der ETF mit der Abbildung eines Index beschäftigt bzw. versucht, diesen so exakt wie möglich nachzubilden. In Deutschland entstanden im Jahr 1990 die ersten Möglichkeiten für Anleger, dass sie ihr Kapital in einen abgebildeten Index investieren können.

Eine der absoluten Legenden der Börse André Kostolany drückte bereits in der Vergangenheit die wichtige Priorität der breiten Aufteilung des eigenen Kapitals an der Börse aus. Diese sogenannte Diversifikation erhalten Anleger durch den Erwerb eines Indexinvestments.

Letztlich hat sich die Anlageform der ETFs an den Kapitalmärkten als Assetklasse längst etabliert und stehen einer extremen Nachfrage gegenüber. Die Gründe rund um die ETFs sind äußerst vielschichtig, denn neben der sehr kostengünstigen Anlagemöglichkeit weisen sie eine transparente und liquide Option für die Investoren auf. Diese Vorteile sind längst großen institutionellen und in der näheren Vergangenheit vor allem immer mehr privaten Anlegern aufgefallen.

Dabei sind die niedrigen Gebühren eines ETFs dadurch begründet, dass man beim Erwerb keine Ausgabeaufschläge bezahlen muss und die pauschalen Gebühren sind sehr niedrig. Sie bieten ein sehr hohes Maß an Liquidität und können fortlaufend gehandelt werden, wie zum Beispiel mit einem Sparplan, doch dazu später mehr. Generell können die Investoren die ETFs flexibel und schnell zu den jeweiligen Börsenöffnungszeiten kaufen und verkaufen. Die hohe Transparenz wird durch die stetige Veröffentlichung des sogenannten „Indikativen Nettoinventarwerts" (iNAV) gewährleistet. Dieser beschreibt die börsentägliche Entwicklung des Wertes eines ETFs mit dem hierfür zugrundeliegenden Vergleichsindex.

ETFs - Diversifikation für den kleinen Geldbeutel

Für jeden Anleger an den Börsen ist die Aufteilung des eigenen Geldes von großer Bedeutung, um die Risiken von Verlusten möglichst niedrig zu halten. Durch die Anlageoptionen der ETFs bieten sich auch für Einsteiger am Kapitalmarkt optimale Möglichkeiten, das eigene Depot mit einer hohen Diversifikation zu belegen.

So können Anleger zum Beispiel von der Wertentwicklung des DAX30 profitieren, indem sie einen ETF auswählen, welcher diesen Index abbildet. Gleichzeitig entgehen sie dem Risiko, dass sich ein Wert dieser 30 größten und wichtigsten Unternehmen Deutschlands stark ins Negative verändert. Dieses Risiko besteht dann, wenn der Investor auf einen einzelnen Wert alles, was er besitzt, anlegt. Somit bietet sich nicht nur für größere institutionelle Anleger die Möglichkeit, ein breit diversifiziertes Anlage-Portfolio zu besitzen, sondern auch für uns Privatanleger mit einem eher kleineren Geldbeutel. Die Verteilung der eigenen Kapitalanlage auf verschiedene Assetklassen oder sonstige Anlageformen führt dazu, dass die Risiken von hohen Verlusten bei der Geldanlage stark reduziert werden. Denn durch die breite Verteilung werden die durchaus starken Schwankungen der einzelnen Kurswerte ausgeglichen und somit sinkt die Volatilität des gesamten Portfolios. Dabei entsteht bei einigen Anlegern, welche es eigenständig mit der Diversifikation versuchen, ein steigender Verlust des Überblicks über die getätigten Investitionen. Letztlich wird einem diese aktive Verwaltung des Depots, also das Hinzufügen und Entfernen von einzelnen Aktienwerten, abgenommen. Denn durch die ETFs ist die Diversifikation gegeben, selbst wenn man in mehrere von ihnen gleichzeitig investiert, so ist die Gesamtanzahl an verschiedenen Wertpapieren deutlich geringer im Verhältnis zur gegebenen Diversifikation.

Die hohe Transparenz, welche die Anlageform der ETFs beinhaltet, sollte für die Anleger ein großer Pluspunkt sein. Denn an den Kapitalmärkten gibt es tausende verschiedene und vielversprechende Finanzprodukte, welche den Anlegern zur Auswahl stehen. Allerdings missachten einige Investoren eine der wichtigsten Grundregeln der Börse, und zwar, dass sie ihre getätigte Anlege selbst nicht verstehen bzw. nachvollziehen können.

Die Geschichte der Exchange Traded Funds

- Die Entstehung der ETFs führt uns in die 1970er Jahre der Vereinigten Staaten von Amerika zurück. Damals erkannten die ersten Fachexperten den wohl hohen Nutzen von passiven Investment-Möglichkeiten durch die einfache Abbildung eines ganzen Indizes in einem Wertpapier.

- Letztlich hat 1971 das US-amerikanische Finanzdienstleistungsinstitut „Wells Fargo“ den ersten Indexfonds aufgelegt. Während es zu Beginn ausschließlich institutionellen Anlegern vorbehalten war, in die Investitionsmöglichkeit zu investieren, wurden auch private Investoren fünf Jahre später für den Handel mit Indexfonds legitimiert.

- Im Jahre 1993 zog dann die Börse nach und es entstand der erste börsengehandelte Indexfonds und der erste „wahre“ ETF war entstanden. Damals wurde dem Angebot zunächst eines an Skepsis zuteil, allerdings war diese schnell abgelegt und die passiven Anlage- bzw. Finanzprodukte erlebten einen großen Zuwachs.

- Im Jahre 2000 legte die deutsche Börse dann auf ihre elektronischen Handelsplattform der Xetra, den ersten europäischen ETF, auf.

- Die Entwicklung bzw. Entstehung weiterer ETFs nahm rasant an Fahrt auf, sodass es heutzutage in Deutschland den Anlegern möglich ist, aus weit über 1000 verschiedenen ETFs auszuwählen. Dabei konzentrieren sich die ETFs längst nicht mehr ausschließlich auf eine gezielte Indexabbildung, sondern ermöglichen auch den Handel auf Anlageklassen wie Renten, Rohstoffe, Zertifikate, Derivate und die Anlagemöglichkeit, in Schwellenländern zu investieren.

Die Welt der ETFs

Kosten

Gerade durch die Corona Pandemie befindet sich die Börse in einem massiven Wandel. Dieser nahm bereits vor der globalen Krise seinen Lauf und wurde durch die allgemeine Digitalisierung und Modernisierung der Finanzbranche immer weiter beschleunigt. Nun haben sich in der Pandemie einige Menschen dazu entschieden, dass sie sich in Bezug zu ihrer finanziellen Situation langfristig absichern möchte. Denn während der Covid Krise entstanden große Sorgen rund um die eigene

Sicherheit, während Krise und auch die Zukunftsängste bezüglich der eigenen Altersvorsorge immer größer wurden.

Die Folge ist eine große Zunahme an neuen Anlegern, welche gerade bei den jüngeren Menschen unter 40 Jahren einen extremen Zuwachs bekommen hat. Dies hat zur Folge, dass es immer mehr Einsteiger an der Börse gibt, welche überwiegend eher geringe Kenntnisse bezüglich des Handels an den Kapitalmärkten haben. Mit Blick auf die ETFs hat dies ebenfalls einige gravierende Auswirkungen. Diese bestechen durch ihre einfache Handhabung, Transparenz und geringe Kosten. Die Anleger können auch mit geringen Wissensständen an der Börse profitieren und das mit einem vertretbaren Risiko, da die jeweiligen ETFs eine gute Diversifikation mit sich bringen. Gerade in Bezug auf die allgemeinen Kosten, welche beim Handel anfallen, schneiden die ETFs sehr gut ab und die Gesamtkosten belaufen sich häufig auf nur 2 Prozent. Währenddessen können im Handeln mit anderen Anlagemöglichkeiten, wie Wertpapieren oder aktiven Investmentfonds, bis zu fünf Prozent an Gebühren und sonstigen Kosten entstehen.

ETFs bringen nun mal kaum Verwaltungsgebühren oder Managementkosten mit sich, lediglich die Herausgeber des Index, also die Emittenten, benötigen eine geringe Bezahlung von Gebühren für den zwar geringen, jedoch vorhandenen Aufwand für die jeweilige Verwaltung. Darunter fallen auch die laufenden Lizenzgebühren und weiteren Marketingausgaben, welche jedoch insgesamt sehr niedrig sind.

In der Finanzwelt wird bei den ETF Finanzprodukten stets eine sogenannte Gesamtkostenquote oder kurz TER – Total Expense Ratio angegeben. Diese fließen zusätzlich zu den laufenden Kosten mit ein und liegen in Deutschland durchschnittlich bei 0,34 Prozent jährlich. Diese Gebühren werden anteilig an jedem einzelnen Börsentag berechnet und werden automatisiert vom jeweiligen Vermögen eines Fonds oder ETFs abgezogen. Wie hoch die jeweilige TER bei einem ETF ist, lässt sich durch das dazugehörige Informationsblatt oder mit Hilfe der jeweiligen Kennnummern auf verschiedenen Internetseiten, wie zum Beispiel der borsefrankfurt.de, einsehen. Was auch Sie bei der Berechnung Ihrer Kosten niemals unterschlagen dürfen, sind Ihre festen bzw. börsenüblichen Kosten in Bezug auf Ihren Broker. Diese fallen je nach Anbieter der jeweiligen depotführenden Bank unterschiedlich aus. Damit Sie nicht ahnungslos bei der Auswahl Ihres Brokers ins kalte Wasser geworfen werden, widmen wir uns in einem späteren Kapitel dem Thema detaillierter.

Transparenz & Liquidität

Diese wird den Anlegern in der heutigen Zeit immer wichtiger, denn wer möchte nicht wissen, wohin das eigene Geld geht. Gerade die Investmentfonds haben hierbei oft größere Defizite im Vergleich mit einem ETF. Denn dort werden nur zum Ende eines Quartals die jeweiligen Bestände des gesamten Portfolios offengelegt.

Bei einem ETF hingegen wird täglich die jeweilige Zusammensetzung des Indexfonds bekanntgegeben und auch die Handelsdaten wie Preise und das allgemeine Handelsvolumen auf verschiedenen Internetseiten und an den Börsen dargestellt, um eine möglichst hohe Transparenz bieten zu können. Des Weiteren wird mindestens einmal pro Minute der jeweilige Indikative Nettoinventarwert, kurz iNAV, eines ETFs berechnet.

Die Bedeutung der hohen Liquidität ist gerade den Einsteigern an der Börse oft nicht bewusst, allerdings spielt es im täglichen Handelsgeschäft eine wichtige Rolle. Denn wer in ein ETF mit einer hohen Liquidität investiert, dem ist es möglich, die eigenen Bestandteile in seinem Depot sehr schnell verkaufen zu können, wenn es nötig ist.

Bei einer sehr niedrigen Liquidität ist die Suche nach einem Abnehmer der eigenen Anteile etwas langwieriger. Da die meisten ETFs an einer Börse handelbar sind, wird normalerweise bei diesen eine hohe Liquidität gewährleistet.

Sicherheit und Risikoverteilung

Sie wissen bereits einiges bezüglich der hohen Diversifikation, welche im Vergleich zu Direktanlagen in Aktien bei einem ETF vorhanden sind. Auch in Bezug zu Investmentfonds sind sie oft breiter gestreut, da bei einem aktiv verwalteten Fonds sich meist auf eher weniger Einzelwerte konzentriert wird. Bei den ETFs ist das Risiko von hohen Verlusten daher niedriger und es gibt unzählige Möglichkeiten, die verschiedenen Interessen der Anleger in Einklang zu bringen.

So können besonders konservative Anleger zum Beispiel einen ETF wie den MSCI World in Betracht ziehen, welcher über 1500 einzelne Aktienwerte bzw. Unternehmen abbildet und daher das Risiko von wirklich hohen Verlusten beinahe minimiert. In Bezug auf die Absicherung Ihres Geldes haben Sie bei einem ETF nichts zu befürchten, denn der Herausgeber des Indexfonds hat den ETF als Sondervermögen zu verbuchen. Somit gibt es kein sogenanntes Emittenten-Risiko, im Falle einer Insolvenz Ihres Anbieters ist Ihre Kapitalanlage somit getrennt zu behandeln und die Anleger haben keinen Totalverlust, das Vermögen ist sozusagen gesichert.

Zudem haben die allermeisten ETFs keine begrenzte oder festgelegte Anlagelaufzeit, sodass die Anleger kein Wiederanlagerisiko haben, also nicht, „um noch dabei bleiben zu können", zu einem späteren Zeitpunkt und höheren Kosten wieder einsteigen müssen.

Methoden zur Abbildung eines Index

Damit ein ETF den zugrundliegenden Index möglichst präzise abbilden kann, werden verschiedene Abbildungsmethoden verwendet. Im Folgenden werden wir uns mit den zwei häufigsten verwendeten Methoden beschäftigen.

Swap Methode

Allgemein ist unter einem Swap eine vertragliche Vereinbarung zu verstehen, bei der an einem in der Zukunft liegenden Zeitpunkt vorab definierte Zahlungsströme ausgetauscht werden. Somit wird bei einem SWAP ETF das Vermögen eines Fonds in beliebige Wertpapiere etc. investiert (Basisportfolio) und im Anschluss mit einem Partner, wie zum Beispiel einer Bank, ein Swap vereinbart.

In der Praxis hat dies die Folge, dass die Wertentwicklung des Basisportfolios des ETF gegen die Wertentwicklung des abzubildenden Index getauscht wird. Durch die Kombination des Swaps und des Basisportfolios wird die Wertentwicklung des ETFs sehr exakt nachgebildet.

Vollreplizierende Methode

Des Weiteren gibt es auch die Methode der vollreplizierenden ETFs. Dort werden die Aktien des zugrundeliegenden Index nach der jeweiligen Indexgewichtung gekauft. In der Praxis heißt dies, dass ein vollreplizierender ETF, zum Beispiel des DAX30, genau die 30 Aktienwerte enthält. Wenn sich nun etwas im abgebildeten Index verändert, so verändert sich der vollreplizierende ETF eins zu eins mit.

Damit der jeweilige Indexfonds auf diese Bewegungen am Markt reagieren kann, ist allerdings auch ein relativ hoher Barbestand nötig, um auf die Veränderungen des Marktes schnell reagieren zu können.

Negatives und Risiken von ETFs

Nachdem Sie nun einiges bezüglich der positiven Seiten und Vorteile eines ETFs erfahren haben, werden wir uns jetzt mit den gegenüberliegenden Seiten beschäftigen. Denn wie jede andere Anlageklasse, haben auch die ETFs unterschiedliche Nachteile und Risikofaktoren.

Zunächst einmal haben Investoren eines ETFs keine Möglichkeit, an der jeweiligen Jahreshauptversammlung eines Unternehmens teilzunehmen. Somit entfällt auch das Mitspracherecht an einer Firma und dessen Handlungsaktivitäten. Stellen Sie sich vor, dass Sie Ihr Geld im MSCI World anlegen und dann im Anschluss an über 1500 Jahreshauptversammlungen teilnehmen – das ist einfach unrealistisch.

Werfen wir nun einen Blick auf einen der wohl gravierendsten Nachteile an einem ETF, welcher durch die SWAP Methode abgebildet wird. Es entsteht ein sogenanntes Kontrahenten-Risiko beim Tauschpartner des Emittenten. Wenn dieser Bankrott gehen sollte, verliert der ETF seinen für die Abbildung verantwortlichen Partner und kann somit nicht auf die Aktivitäten an der Börse reagieren.

Grundsätzlich ist es zudem möglich, dass wenn Sie in sehr kleine ETFs einer bestimmten Nische investieren, der Vorteil der hohen Liquidität verloren geht. Denn in der Regel haben diese deutlich weniger Bargeldreserven als ein Nischen-ETF. Der Hauptgrund hierfür ist, dass ein aktiv betreuter Fonds im Falle von rapiden sinkenden Kursen sehr schnell reagieren möchte und gegebenenfalls Anteile an Unternehmen nachkauft oder die Gelegenheit nutzt, um die Gewichtung des Portfolios zu aktualisieren.

Des Weiteren werden den ETFs auch nachgesagt, dass sie in Krisenzeiten rapide Kursverluste begünstigen. Wenn die Kurse fallen und einige Investoren sich ihr angelegtes Kapital ausbezahlen lassen, fallen die Anteile der Fondsgesellschaften mit nach unten. Allerdings sind diese verpflichtet, ihre Anteile bei zuvor bestimmten Kursverlusten zu verkaufen. Dadurch entsteht eine Abwärtsspirale und rasche Abverkäufe von Anteilen, jedoch ist anzufügen, dass dies grundsätzlich auch bei jeder anderen Assetklasse passieren kann und wohl eher ein allgemeines Risiko an den Kapitalmärkten ist.

Planung des eigenen Vermögenaufbaus durch ETFs

DAS THEMA RISIKO

Weitere Möglichkeiten zur Reduzierung des Verlustrisikos

Immer mehr Menschen in Deutschland wird bewusst, dass man an der Börse zwar Geld verlieren kann, allerdings auch verschiedene Möglichkeiten hat, die Verluste zu begrenzen bzw. das Risiko zu reduzieren. Hierbei gibt es allerdings das Risiko des Marktes, welches man schlichtweg wohl kaum beeinflussen kann, denn die Börse ist hektisch und schnelllebig. So können sich an einem Tag die Werte ins Positive entwickeln und an den darauffolgenden Tagen wieder teils stärkere Verluste eingefahren werden. Als Anleger können Sie Ihr Portfolio aber stark diversifizieren, sodass die Schwankungen etwas abnehmen.

Ein weiterer wichtiger Faktor, neben der Ihnen bereits bekannten Diversifikation Ihrer Anlage und Gesamtportfolio ist der Zeitraum Ihrer Investition. Aus der Vergangenheit können wir hieraus einiges lernen, denn egal, zu welchem Zeitpunkt Sie in einen ETF investiert haben, wie zum Beispiel den MSCI World, haben Sie mit einem Anlagehorizont von 15 Jahren stets Profit gemacht.

Das Investieren in einen Aktien-ETFs kann daher gerade für die jüngeren Anleger unter Ihnen bzw. diejenigen mit einem langfristig angelegten Anlagehorizont durchaus mit einem eher geringeren Risiko verbunden werden. Wenn Sie also über Kapital verfügen, auf welches Sie in der mittelfristig angelegten Zukunft nicht zugreifen müssen, könnten ETFs für Sie durchaus sehr interessant sein, auch als wirklich vorsichtiger Anleger.

Das eigene Risikoprofil erstellen

In diesem Abschnitt wollen wir uns mit der Erstellung des eigenen Risikoprofils, mit der sogenannten Asset Allocation, beschäftigen. Dabei ist das Ziel, die eigene Risikotragfähigkeit herauszufinden, um daraus die eigene persönliche Anlagestrategie für ETFs und den weiteren Vermögensaufbau herauszufinden.

Grundsätzlich müssen Sie sich darüber im Klaren sein, dass Sie mit dem Kauf von Wertpapieren sofort auch unterschiedliche Risiken miteinbeziehen. Bei der Betrachtung des Risikos entstehen verschiedene Effekte bei uns Menschen, welche uns die Kursschwankungen nicht mehr objektiv wahrnehmen lassen, sondern unser individuelles, emotionales Wohlbefinden angreifen. Gemäß dem renommierten Finanzberater Rick Ferri zeigt sich die eigene Risikotoleranz darin, „welche Schwankungen und Verluste du ertragen kannst, bevor du dein Verhalten änderst". Wenn man an der Börse einsteigt, dann lernt man nicht nur einiges über die Finanzwelt und den eigenen Vermögensaufbau, sondern muss auch sich selbst und seine eigenen Schmerzgrenzen herausfinden. Das Ziel ist, die eigene Risikotragfähigkeit herauszufinden – was machen Kursgewinne und -verluste mit mir, was lösen diese aus und wie viele Verluste bin ich bereit einzugehen.

Grundsätzlich müssen Sie sich Gedanken über die eigene Aufteilung Ihres Vermögens machen – die Asset Allocation. Diese ist letztlich die Umsetzung der eigenen Anlagestrategie und ein wichtiger Bestandteil, welcher über Ihren Erfolg oder Misserfolg an der Börse verantwortlich sein kann.

Zu Beginn müssen Sie sich Gedanken darüber machen, welcher Anteil Ihres Geldes nur geparkt werden soll, auf risikofreien Anlagen, und welchen Teil Ihres Vermögens Sie in risikobehaftete Anlagen investieren wollen. Hierbei stellt der risikoarme Anteil Ihren Sicherheitsanker dar, welcher Ihnen eine grundsätzliche Sicherheit über Ihre Anlagen geben soll. Im Gegenzug sollen durch den risikobehafteten Teil die Gewinne erzielt werden, also eine möglichst hohe Rendite hinzugewonnen werden.

Der **risikofreie Anteil** soll beispielsweise die Volatilität Ihres Depots etwas ausgleichen und die Schwankungen des Wertes verringern. Grundsätzlich besteht allerdings auch auf diese Vermögenswerte ein Verlustrisiko, da die meisten Tages- oder auch Festgeldkonten in Deutschland bis 100.000 Euro einlagengesichert sind. Natürlich könnten Sie das eigene Geld auch in bar verwahren, allerdings entstehen dann wieder Risiken bezüglich Diebstahls und Co. Des Weiteren könnten auch unter den risikofreien Anteil die sogenannten Staatsanleihen in Betracht kommen. Hierbei sollten Sie sich allerdings auf Länder mit einer hohen Bonität konzentrieren und beispielsweise auf unsichere Anleihen wie Griechenland verzichten.

In Ihrem **risikobehafteten Anteil** geht es nun darum, die Renditen zu erzielen. Dabei empfiehlt es sich, dass man die eigene Risikobereitschaft auch von seiner aktuellen Lebenssituation abhängig macht. Wenn Sie sich überhaupt nicht orientieren können, dann könnten Sie sich an eine alte Faustregel der Börse orientieren, diese besagt: 100 – das eigene Lebensalter = der risikobehaftete Anteil in Prozent. Wenn Sie nun zum Beispiel 30 Jahre alt sind, so wäre die Formel – 70 Prozent Risikoanteil und 30 Prozent risikoarmer Anteil. Letztlich müssen Sie selbst entscheiden, mit welchem jeweiligen Anteil Sie sich wohlfühlen und gut zurechtkommen. Denn Sie müssen stets Ihre aktuelle Lebenssituation mit einbeziehen. Wer grundsätzlichen Verpflichtungen wie Hypotheken, Kindern etc. nachkommen muss, sollte dies auch in seinen Vermögensaufbau miteinbeziehen. Wenn Sie sich einmal für eine Strategie entschieden haben, fangen Sie an. Denn Sie müssen eigene Erfahrungen an der Börse sammeln, dabei ist es empfehlenswert, dass Sie zu Beginn eher konservativer agieren. Sowieso sollten Sie 1-2-mal pro Jahr Ihre Strategie an der Börse hinterfragen und gegebenenfalls auch Ihr Risikomanagement neu überdenken. Denn Sie werden durch die eigenen Erfahrungen auch mit den Unsicherheiten der Börse zurechtkommen und werden lernen, wie sich stärkere fallende Kurse, auf Ihr allgemeines Wohlbefinden auswirken werden.

Wie viel Geld sollten Sie an der Börse anlegen?

Die Anleger an der Börse sollten sich vor Beginn ihrer Investments über ihr eigenes Risikoprofil im Klaren sein. Vor Beginn der eigenen Geldanlage sollten Sie sich grundlegend über die eigene Zielsetzung Ihres Vermögenaufbaus bewusstwerden. Wie viel Geld Sie an der Börse anlegen möchten, können nur Sie selbst entscheiden. Allerdings bietet der Kapitalmarkt mittlerweile auch die Möglichkeit, mit einem kleineren Anteil teilzunehmen.

Während den Anlegern früher noch geraten wurde, in Einzelwerte zum Teil erst ab einem vier- oder fünfstelligen Betrag zu investieren, so hat sich dies massiv verändert. So ist es mit Einhergehen der großen Fortschritte durch die Digitalisierung den Anleger möglich, dass Sie bei vielen Brokern bereits ab einem Euro aktiv werden können. Des Weiteren entstanden in der näheren Vergangenheit sehr viele Emittenten bzw. Onlinebroker, wovon die Aktionäre bzw. vor allem die Kleinanleger stark profitieren. Denn immer mehr Anbieter orientieren sich an den Wünschen der Kunden und bieten immer günstigere Konditionen für die Anleger an.

Fakt ist, dass Sie sich nicht allzu lange damit befassen sollten, ob Ihre ausgewählte Sparrate ausreichend ist bzw. ob es sich schon lohnt, anzufangen. Wichtig ist, dass Sie sich mit Ihrer jeweiligen Anlagesumme wohlfühlen und im Falle eines totalen Verlustes trotzdem abgesichert sind. Dafür empfiehlt es sich, etwas Geld auf die Seite zu legen und dieses niemals anzufassen. Die Idee des Notgroschens ist in der Finanzbranche längst angekommen und einige Finanzexperten empfehlen, sich diesen aufzubauen und eine grundsätzliche Absicherung für den Fall der Fälle zu haben. In der Regel beziehen sich die Empfehlungen auf ca. 2 - 4 Nettogehälter, allerdings müssen Sie selbst für sich entscheiden, wo Sie Ihre jeweilige Absicherung ziehen wollen.

- **Sparplan & Zinseszinseffekt:** Das Gute für uns Anleger ist, dass wir auch mit geringen Sparbeträgen an der Börse teilnehmen können. Selbst im Falle von stärkeren Verlusten, sind diese wohl erträglicher, als wenn man sein ganzes Haus verlieren würde. Gerade bei den kleineren Summen ist es empfehlenswert, sich mit Hilfe eines Sparplans ein Grundkapital aufzubauen. Hierfür bieten die meisten Anbieter individuelle Tools, mit welchen ein solcher durchgeführt werden kann. Völlig automatisiert kauft ein Sparplan dann ein bestimmtes Wertpapier bzw. einen Bruchteil von diesem.

  Der Sparbetrag und das Intervall, in welchem dieser ausgeführt werden soll, müssen Sie als Anleger zuvor festlegen. Dabei können Sie die jeweilige Höhe der Sparsumme individuell anpassen. Zudem lässt sich das Intervall meist flexibel anpassen, sodass Ihre Hauptaufgabe ist, die dazugehörigen Daueraufträge einzurichten. Somit können Sie auch mit einem kleinen Geldbeutel an der Börse profitieren und langfristig von verschiedenen Effekten, wie dem Zinseszinseffekt oder auch dem Cost Average Effekt, profitieren.

- **Cost Average Effekt:** Beim Cost Average Effekt oder auch dem Durchschnittskosteneffekt können Anleger ihre Rendite durch die regelmäßigen Einzahlungen in einen Sparplan steigern. Der Effekt nimmt seinen Lauf durch die regelmäßige Einzahlung bzw. Erwerb von Anteilen bzw. Bruchstücken von Aktien, ETFs oder festverzinslichen Wertpapieren. Dadurch, dass Sie als Anleger Ihre Anteile teilweise bei niedrigeren und mal bei höheren Kurswerten kaufen, ergibt sich mit Hilfe eines Sparplans, dass sie einen Durchschnittspreis erhalten. Wenn Sie Ihr gesamtes Anlagekapital auf einen Schlag in ein Wertpapier investieren, ist das

Risiko hoch, möglicherweise einen schlechten Einstiegspreis zu erhalten. Durch die Aufteilung Ihres Kapitals und den Erwerb zu unterschiedlichen Zeitpunkten erhalten Sie einen durchschnittlich günstigeren Einkaufspreis im Vergleich zu einer möglicherweise teuren Einmalanlage. Letztlich wird auch das Risiko von einem Einkauf bei hohen Kurswerten vermieden und Sie als Investor versuchen erst gar nicht, „den perfekten Zeitpunkt" oder ähnliches zu erreichen.

Zusätzlich kann der Zinseszinseffekt bereits bei eher geringen Anlagesummen somit in Fahrt kommen. Wenn Sie zum Beispiel eher wenig Kapital haben, jedoch Ihren Kindern etwas Gutes tun wollen und diesen monatlich einen festen Betrag sparen, können diese nach einiger Zeit auf eine beachtliche Summe zugreifen.

Hier eine kleine Beispielrechnung:

Wenn Sie Ihren beiden Kindern jeweils 50 Euro monatlich in einen ETF wie den sehr konservativen MSCI World besparen und dieser jährlich eine Kurssteigerung von 7 Prozent erwirtschaftet, haben Sie nach 20 Jahren insgesamt 24.000 Euro insgesamt eingezahlt. Natürlich eine beachtliche Summe, allerdings hat nun jedes Kind 24.597 Euro. Ja richtig, insgesamt hat sich Ihre Anlagesumme verdoppelt und es wurden aus den pro Kind eingezahlten 12.000 Euro mittlerweile fast 25.000 Euro. Die Effekte des Zinseszinseffektes können Sie in der Kombination aus Cost Average Effekt und einem Sparplan erreichen. Das schwierige ist meistens das Anfangen und langfristige Beibehalten der Anteile. Wer einen langen Atem, kühlen Kopf und Durchhaltevermögen mitbringt, wird langfristig belohnt.

Wenn Ihre Kinder den Sparplan dann weiterhin mit je 50 Euro für weitere 20 Jahre besparen, hätte jedes Kind 24.000 Euro eingezahlt. Somit erhalten die Kinder nach 40 Jahren insgesamt 199.781 Euro jeweils zurück. Natürlich ist dies wohl nur eine Wunschkalkulation, allerdings können Sie sich als Anleger mit einem Anlagehorizont von 40 Jahren mit Sicherheit und auch unter Einberechnung von kommenden Krisen relativ sicher über Renditen freuen.

Letztlich entfallen nun einige Ausreden von scheuen bzw. unsicheren Anlegern und der Weg ist frei, zu beginnen. Zusätzlich können Sie gerade beim Kauf von Anteilen eines breit gestreuten ETFs die viel umworbene Diversifikation erreichen und reduzieren Ihr Risiko von Verlusten stark. Durch den Sparplan profitieren Sie von einem völlig automatisierten Handel und können somit vollständig passiv Ihr Geld an der Börse anlegen und sich langfristig über Ihren Vermögensaufbau freuen.

Damit Sie einen Sparplan einrichten können, benötigen Sie ein dafür legitimiertes Depot bei einem Broker. Für das Investieren am spekulativen Kapitalmarkt benötigen Anleger ein sogenanntes Verrechnungskonto, auf welchem der jeweilige Sparplan dann eigerichtet werden kann. Grundsätzlich können Sie bei diesem auch die jeweilige Sparrate bzw. dessen Intervall auch einmal aussetzen, allerdings leidet dadurch der Cost Average Effekt.

Deshalb empfiehlt es sich, eine Sparrate auszuwählen, welche Sie stets in der Lage sind zu bezahlen, trotzdem bringt der Sparplan einige Vorteile, wie beispielsweise diese hohe Flexibilität, mit. Auf Ihrem Verrechnungskonto werden die gesamten Erlöse aus Ihren Wertpapieren, wie zum Beispiel die erhaltenen Zinsen und Dividenden, verrechnet. Zudem können Sie auf diesem Konto auch die Transaktionen und Aktivitäten aus der Vergangenheit einsehen. Bei vielen Anbietern haben die Kunden nur die Möglichkeit, von ihrem eigenen Konto Geld auf das Verrechnungskonto einzuzahlen und auszuzahlen. Dies schränkt einerseits den Handel bzw. den schnelleren Zugriff auf das eigene Geld etwas ein, allerdings bietet es eine erhöhte Sicherheit und ein möglicher Zugriff eines Fremden auf das jeweilige Konto ist nicht möglich.

Den richtigen ETF finden

Jetzt kommen wir zur wahren Praxis des Handels bzw. Vermögenaufbaus an der Börse durch das Besparen von ETFs. Die Auswahl des richtigen ETF ist durchaus etwas komplexer zu betrachten, wenn es an den Kapitalmarkt geht. Die Auswahl ist riesig und es stehen den Anlegern viele Informationen zur Verfügung, wie zum Beispiel verschiedene Kennzahlen und sonstigen relevante Zahlen. Wir wollen Ihnen nun die Unsicherheit, welche bei vielen Investoren zu Beginn vorhanden ist, nehmen und Ihnen mit Hilfe der wichtigsten Kriterien Ihre Auswahl etwas erleichtern.

Zum Anfang werden wir uns mit dem Thema des Volumens eines ETF Fonds auseinandersetzen. Wenn es um dieses Thema geht, gilt die Faustregel, je größer das Fondvolumen, desto etablierter ist der jeweilige ETF am Markt. Allgemein gilt ein ETF mit einem Kennwert bzw. einem Fondsvolumen rund um 100 Mio. Euro als groß. Für die Emittenten des jeweiligen Fonds heißt es, je größer der ETF, desto rentabler ist dieser. Allerdings profitieren auch wir als Investoren von einem möglichst hohen Fondsvolumen, da sich dadurch meist auch die Kosten bzw. Gebühren verringern. Meistens wird zur Ermittlung der Nachfrage an einem ETF Fonds eine Testphase durchgeführt und falls dieser sich nicht wie erwartet aufbaut, kann er wieder vom Markt genommen werden. Das Geld der Anleger ist hierbei stets gesichert und durch verschiedene Fristen von mehreren Wochen ist genügend Zeit gegeben, um das angelegte Geld wieder umzuschichten. Doch keine Sorge, auch die kleineren ETFs mit einem geringeren Fondsvolumen können durchaus rentable Gewinne erzielen, allerdings reicht es für Einsteiger in den ETF Handel aus, sich mit den größeren zu beschäftigen.

Bezüglich der Kosten und Gebühren bei einem ETF sollten Sie als Anleger achtsam sein, denn dort verbergen sich möglicherweise kleine Renditenfresser. Der Vergleich von ETFs, welche grundsätzlich den gleichen Index haben, kann hierbei sinnvoll sein, da die dahinterstehenden Gebühren von Emittenten zu Emittenten unterschiedlich sein können. Die Kosten eines ETF entstehen durch die jeweiligen Transaktionskosten für den Kauf- und Verkauf der Anteile, der Ihnen bereits bekannten Total Expense Ratio (TER), und dem Spread als Preisfaktor.

Grundsätzlich bieten die Anbieter der ETFs auch sogenannte Factsheets an. Auf diesem können die Anleger einsehen, welche Gesamtkosten bei einem bestimmten ETFs jährlich zusammenkommen. Dabei setzen diese Kosten sich aus den Gebühren zusammen, welche der ETF Anbieter direkt aus dem jeweiligen Volumen des Fonds herausnimmt, um die eigenen Kosten zu decken. Als Spread wird die Differenz zwischen dem Angebots- und dem Nachfragepreis bezeichnet. Grundsätzlich variiert dieser durchaus stark und kann gerade außerhalb der offiziellen Handelszeiten einer Börse oder auch an Feiertagen sowie Wochenenden deutlich höher ausfallen.

Sie kennen zudem einen weiteren Faktor bereits, welcher sich auf die Ausschüttungsart des jeweiligen Fonds bezieht. Diese können thesaurierend oder ausschüttend sein. Sie als Anleger sollten hierbei Ihre eigenen Vorzüge bzw. Interessen bei Ihrer ETF Auswahl berücksichtigen.

Ein weiterer Einflussfaktor, welchen Sie bei der Auswahl Ihres ETFs einbeziehen können, ist der Ort Ihres ETFs. Dies wird in der Fachsprache als die sogenannten Fondsdomizile betitelt und über die jeweilige Internationale Wertpapierkennnummer (ISIN) können Sie herausfinden, wo Ihre ETF aufgelegt wurde. Dabei haben sich bei einer Großzahl an ETFs Irland und Luxemburg für die Emittenten durchgesetzt. Denn bei Ersterem entstehen steuerliche Vorteile und bei Letzterem Vorteile für institutionelle Anleger. Allgemein nimmt die Bedeutung rund um das Fondsdomizil für deutsche Anleger zu.

Alles rund um die Steuern

Einige Menschen haben bei diesem Thema große Probleme und durchaus Ängste, wenn es um das Thema der Steuern geht. Dies zieht sich so weit, dass es Leute gibt, die aus diesem Grund das Anlegen an der Börse vermeiden wollen, da Sie sich nicht mit den zu entrichtenden Steuern beschäftigen möchten. Dies soll sich ändern, denn die Grundregeln, welche man im täglichen Aktienhandel benötigt, sind relativ überschaubar und werden bei den meisten deutschen Depotanbietern vollständig eingezogen, sodass Sie als Anleger sich hiermit nicht auseinandersetzen müssen. Wenn Sie ein ausländisches Depot haben, ist dies etwas anders, weshalb wir uns dem Thema im Folgenden etwas nähern möchten.

Grundsätzlich setzen sich die Steuern aus drei verschiedenen Komponenten zusammen und betragen insgesamt ca. 26,375 Prozent zuzüglich der jeweiligen Kirchensteuer, welche von Bundesland zu Bundesland unterschiedlich ist.

Den größten Anteil hat die sogenannte Kapitalertragssteuer mit 25 Prozent. Diese ist durch einen pauschalen Wert festgelegt und variiert nicht. Diese wird immer dann fällig, wenn Kapitalerträge entstehen und wird als sogenannte Quellensteuer bezeichnet. In unserem Fall entsteht Sie beispielsweise durch Kapitalerträge auf unseren jeweiligen Depots bzw. bei unseren Brokern. Grundsätzlich wird diese dort direkt durchgeführt und wir als Anleger müssen uns nicht mit einer Steuererklärung befassen.

Als Nächstes gliedert sich der Solidaritätszuschlag mit einem Anteil von 5,5 Prozent an. Dieser steht seit Jahren in der Kritik, gilt allerdings immer noch. Dieser Anteil wird auf die gerade beschriebenen 25 Prozent der Kapitalertragssteuer fällig und liegt deshalb bei 1,375 Prozent.

Die letzte Komponente ist die sogenannte Kirchensteuer, welcher jedes Mitglied einer religiösen Gemeinschaft nachkommen muss. Diese beträgt in Bayern und Baden-Württemberg 8 Prozent und in den restlichen Bundesländern 9 Prozent auf die jeweils fällige Kapitalertragssteuer. Diese fällt grundsätzlich bei dem Erhalt von Zinsen, Dividenden und realisierten Kursgewinnen an. Allerdings haben Menschen mit einem eher geringeren Profit die Möglichkeit, durch den Sparer–Pausbetrag einen Freibetrag bei den eigenen Kapitalanlagen zu erhalten.

- **Der Freistellungsauftrag:** Der Sparer–Pauschalbetrag stellt den Anleger einen Freibetrag zur Verfügung, sodass diese auf einen Betrag bis zu 801 Euro jährlich keine Steuern auf ihre Kapitalerträge zahlen müssen. Bei einer eingetragenen Lebenspartnerschaft oder bei Ehepaaren liegt dieser Freibetrag bei 1602 Euro pro Jahr.

Dabei greift das sogenannte Zuflussprinzip, durch dieses wird der Kapitalertrag dann fällig, wenn er entsteht. Sie als Anleger müssen einen sogenannten Freistellungsauftrag bei Ihrem jeweiligen Broker stellen. Dies ist in den allermeisten Fällen über einen einfachen Onlineantrag möglich. Somit werden die Steuern im steuerfreien Bereich gar nicht erst eingezogen, sondern werden direkt mit dem offenen Pauschbetrag verrechnet. Sollten Sie einmal vergessen haben, das bei ihrem Broker einzustellen, haben Sie im Nachhinein die Möglichkeit, über Ihre Steuererklärung das Geld vom Finanzamt zurückzuerhalten. Allerdings ist hierbei der Aufwand deutlich höher als beim Freistellungsauftrag.

Für die Geringverdiener unter Ihnen und spezielle Gruppen, wie zum Beispiel Studenten, ist es möglich, eine **Nichtveranlagungsbescheinigung** zu erhalten. Denn für manche Menschen ist die Kapitalertragssteuer höher als der persönliche Grenzsteuersatz, welche auf das Einkommen bezahlt wird.

Hierfür schafft die Bescheinigung einen Ausgleich, welcher sich bei den jeweiligen Finanzämtern beantragen lässt. Durch die Bescheinigung werden Sie dazu befähigt, grundsätzlich keine Kapitalertragssteuer zu entrichten.

Im Jahr 2019 wurde die sogenannte **Vorabpauschale** ins Leben gerufen, damit die steuerliche Balance zwischen den ausschüttenden und thesaurierenden Fonds bzw. ETFs wieder hergestellt wird. Denn letzteres war bei ETFs von großem Vorteil, da dort der steuerliche Abzug nur bei der Realisierung der Erträge vorgenommen wurde. Dies hatte den sogenannten Stundungseffekt zur Folge, welche durch das Aufschieben der Steuerzahlungen bis hin zur Realisierung der Erträge für die Anleger durch den Zinseszinseffekt positive Effekte bzw. Vergünstigungen nach sich zog. Durch die Vorabpauschale wird diesem Effekt entgegengewirkt, dieser begrenzt sich dadurch, dass sie nur anfällt, wenn sie niedriger ist als der jeweilige Wertzuwachs des Fonds, für welchen sie berechnet wird. Somit haben ETFs, welche keine Kurssteigerungen erzielen bzw. Verluste verbuchen, den Vorteil, dass dann keine Vorabpauschale, also steuerliche Abgaben, anfallen. Grundsätzlich errechnet sich die Vorabpauschale aus dem Zuwachs der Fondswertes, einem Anteil des Basiszinses der Bundesbank und der jeweiligen Teilfreistellung, welche abhängig ist von der Art des bestimmten Fonds. Merken Sie sich, dass die Vorabpauschale als Basis für die Berechnung der Besteuerung von beispielsweise thesaurierenden ETFs fungiert.

Grundsätzlich sind die steuerlichen Abzüge bei thesaurierenden ETFs trotz der Vorabpauschale nach wie vor sehr niedrig und für langfristig orientierte Investoren durchaus attraktiv. Diejenigen Anleger unter Ihnen, welche sehr am steueroptimierten Investieren interessiert sind, sollten sich mit der Kombination aus ausschüttenden und thesaurierenden ETFs beschäftigen. Denn durch den Freistellungsauftrag können Sie jährlich steuerbefreite Fondseinkünfte erhalten, weshalb Sie versuchen sollten, diesen vollständig auszuschöpfen. Bei einige Brokern ist es sogar möglich, die Erträge der ausschüttenden ETFs direkt automatisiert wieder anzulegen.

Fazit über Steuern und ETFs

Sich frühzeitig mit dem unangenehmen Thema der Steuern auseinanderzusetzen, kann sich langfristig sehr positiv auf die Entwicklung Ihres Depots bzw. Rendite auswirken. Zusammengefasst dargestellt, liegt die Kapitalertragssteuer bei 25 Prozent, wozu allerdings noch der Solidaritätszuschlag von 1,375 Prozent und möglicherweise die Kirchensteuer hinzukommt. Diese wird auf alle realisierten Kursgewinne sowie Dividenden und Zinsen fällig. Die Steuer wird als sogenannte Quellensteuer direkt beim Anbieter Ihres Depots einbehalten. Durch den sogenannten Freistellungsauftrag können Sie jedoch jährlich einen Betrag von 801 Euro steuerlich frei erhalten. Bei den thesaurierenden ETFs wird eine Vorabpauschale fällig, welche aufgrund des allgemein niedrigen Grundzinses jedoch aktuell noch einen Stundungseffekt für Anleger bewirken kann. Somit ist es klugen Anlegern möglich, aus der Kombination von thesaurierenden und ausschüttenden ETFs zu profitieren und Steuern einzusparen.

Das Depot

Ihnen ist bereits klar, dass Sie für den Handel an der Börse ein spezielles Konto benötigen, welches für den Handel mit Wertpapiergeschäften legitimiert ist. Sie benötigen ein sogenanntes Depot, damit Sie an der Börse Finanzprodukte kaufen und verkaufen können. In der heutigen Zeit gibt es hierzu einige unterschiedliche Anbieter, diese werden als Broker bezeichnet.

Somit muss sich jeder, der sich am Kapitalmarkt beteiligen möchte, zu Beginn mit der Auswahl eines Depotanbieters auseinandersetzen. Dieses erstellte Konto ist dann für die Verwahrung Ihrer Wertpapiere zuständig, es werden also sämtliche Anteile an Aktien, Anleihen, Fonds etc. dort sicher aufbewahrt. Dabei kennen Sie bereits die Unterschiede zwischen den Anbietern von Filialbanken und Direktbanken. Die Direktbanken gestalten sich in der Praxis oft als sogenannte Onlinebroker oder auch Neobroker.

Dabei liegt der Unterschied darin, dass Banken eine Banklizenz haben und die Broker keine Konten selbst führen dürfen. Aus diesem Grund erhalten Sie bei einem Broker das Depot immer in Kombination mit einem Verrechnungskonto bei der dazugehörigen Partnerbank des Anbieters. Die Depots müssen also von Banken herausgegeben werden und unterliegen generell der Finanzaufsicht in Deutschland. Das Depot ist die Schnittstelle zwischen den Anlegern und dem Finanzmarkt und ermöglicht den Investoren den Zugang zu den Finanzprodukten. Während man früher noch persönlich zu seiner Bankfiliale ging, um seine Wertpapiere zu verwalten und für Aktivitäten an der Börse teilweise mehrere Tage benötigte, so werden die Depots heutzutage meistens online geführt und ermöglichen schnelle und kurzfristige Handlungsentscheidungen. Dabei sind die digitalen Systeme von einer großen Sicherheit geprägt und die Anteile werden aufgrund der treuhänderischen

Verwaltung auch bei einem Bankrott des Anbieters weiterhin vorhanden und gesichert sein. Bei den meisten Depots gibt es noch ein weiteres Konto, das sogenannte Referenzkonto, auf welchem die Beträge für den Wertpapierhandel abgebucht und eingezahlt werden. Von diesem Konto können die jeweiligen Gewinne auf das verknüpfte Giro- bzw. Verrechnungskonto ausgezahlt werden. Dies gilt auch für sämtliche Erträge aus Dividenden und sonstigen Kapitalerträgen. Zudem bietet Ihnen Ihr Onlinedepot stets die Möglichkeit, Ihre Handlungsaktivitäten an der Börse nachvollziehen zu können und bietet eine flexible Möglichkeit, diese in Auftrag zu geben und anzupassen.

Grundsätzlich müssen Sie sich darauf einstellen, dass Sie für den Service, welcher Ihnen der Broker anbietet, auch etwas zahlen müssen. Allerdings nehmen die gesamten Kosten in der Vergangenheit immer weiter ab, da die Broker sich mit einer relativ großen Konkurrenz untereinander gegenseitig immer weiter unterbieten müssen. Somit sind die hohen Transaktionskosten aus früheren Zeiten Geschichte und immer mehr Anbieter stellen ihren Service kostenlos zur Verfügung.

Abschließend sollten Sie sich Ihren Broker selbst auswählen, abhängig von Ihren Bedürfnissen und Interessen. Grundsätzlich sollten Sie sich zuvor Gedanken machen, auf welchen Service Sie großen Wert legen, also ob Sie persönlich, digital oder beispielsweise auch einfach nur über einen Chat Ihre Anliegen mit den Betreuern Ihres Depots lösen möchten. Wenn Sie sich im Klaren darüber sind, dass Sie ausschließlich mit ETFs handeln möchten, können Sie sämtliche Anbieter, welche sich auf den Handel von Einzelwerten konzentrieren, ausschließen. Grundsätzlich können Sie auch bei den weiteren Services ordentlich Geld einsparen, wie zum Beispiel mit dem Verzicht einer Internetplattform. Denn wem beispielsweise nur die Nutzung einer eigenen App eines Brokers ausreicht, wird dies letztlich auch bei den gesamten Gebühren und sonstigen Kosten merken.

Das Thema Sparen

Nun kommen wir zu einem der wichtigsten Themen für Sie und Ihren letztlichen Vermögensaufbau. Sie wissen zudem um die langfristig starken Auswirkungen der jährlichen Inflation und den dadurch stetigen Wertverlust Ihres Geldes. Zudem gesellen sich die Altersvorsorge und die allgemeine Absicherung für schlechtere Zeiten, weshalb sich heutzutage jeder frühzeitig um den eigenen Vermögensaufbau kümmern und dadurch sich auch mit Thema des Sparens auseinandersetzen sollte. Aus diesem Grund werfen wir einen Blick in Ihre Lebensgewohnheiten und Ihre Einnahme- und Ausgabequellen.

Grundsätzlich macht es zum Anfang Sinn, dass Sie sich über diese bewusst werden und eine Gegenüberstellung vornehmen, um herauszufinden, wie sich die Zusammenhänge in Ihren Konten begründen.

Wenn Sie dies getan haben, wenden wir uns den Quellen der Geldfresser zu und versuchen die ein oder andere Veränderung Ihrer Lebensgewohnheiten und Ausgabequellen kritisch zu hinterfragen bzw. zu prüfen, ob es adäquate und günstigere Lösungen gibt.

Zunächst beschäftigen wir uns mit einem eher unattraktiveren Thema, welches allerdings große Auswirkungen im Laufe unseres Lebens auf uns nehmen kann. Die Rede ist von den Versicherungen, bei welchen sehr viele Menschen Probleme haben, die für sie passenden auszuwählen und sinnvoll zu verwalten. Gerade beim Thema der Versicherungen treten einigen Menschen sofort die klassischen Versicherungsvertreter in den Sinn, welche jährlich gegen hohe Kosten bzw. Gebühren die aktuellen Verträge überprüfen.

Grundsätzlich ist es auch nicht schädlich, in außergewöhnlichen Lebenssituationen oder ähnlichem einen Experten aufzusuchen und eine Bedarfsanalyse durchzuführen, allerdings ist dies in der heutigen Zeit längst nicht mehr grundlegend vonnöten. Vereinfacht dargestellt, können Sie das Thema der Versicherungen in zwei verschiedene Kategorien unterteilen, in die Sach- und Personenversicherungen. Bei den Sachversicherungen werden die Risiken bezüglich Schäden oder bei Zerstörung von Gegenständen abgesichert, wie zum Beispiel bei der Haftplicht-, Hausrat- oder auch Kfz-Versicherung. Hingegen bei den Personenversicherungen geht es um die Absicherung bezüglich bestimmter Risiken im persönlichen Leben. Es geht also um die Versicherungen zum Schutz vor finanziellen Problemen aufgrund eines Unfalls, Krankheit oder dem Tod. Zu den gängigsten Personenversicherungen zählen die Kranken-, Unfall- und Berufsunfähigkeitsversicherung.

Grundsätzlich gibt es in Deutschland eine gute Struktur der sogenannten Pflichtversicherungen, welche gesetzlich vorgeschrieben sind. Hierzu zählen neben der Krankenversicherung zum Beispiel auch die gesetzliche Rentenversicherung für die Arbeitnehmer oder auch die Kfz-Haftpflichtversicherung für die Besitzer eines Fahrzeugs. Ein Blick in die für uns wichtigste Pflichtversicherung - die Krankenversicherung. Diese unterteilt sich in die gesetzliche und private Krankenversicherung. Während bei Ersterem diese als Teil der Sozialabgaben direkt vom Bruttogehalt der Arbeitnehmer gezahlt wird, so ist diese für Privatversicherte, also sehr vermögende oder selbstständige Menschen, etwas anders. Diese müssen sich selbst bei einer Versicherung anmelden, um im Krankheitsfall die medizinische Grundversorgung abgedeckt zu haben. Allerdings gibt es bei dieser keine großen Potentiale, wie man Geld einsparen kann. Grundsätzlich macht es Sinn, einmal im Jahr Ihre aktuellen Gesamtkosten bei Ihrer Krankenversicherung in einem Vergleichsportal zu überprüfen und gegebenenfalls zu wechseln, wenn es vergleichbare Leistung zu günstigeren Konditionen gibt.

Bei der Kfz-Haftpflichtversicherung gibt es allerdings gute Möglichkeiten, dass Sie etwas Geld einsparen können. Diese unterscheidet sich grundlegend in eine Vollkasko, Teilkasko und eine auf die Haftpflicht beschränkte Versicherung. Empfehlenswert ist es, in einer Autowerkstatt mit Ihrem vertrauten KFZler zu besprechen, welche Versicherung dieser aufgrund seiner Expertise empfehlen wird. Dann sollten Sie im Anschluss sich selbst informieren und zwischen verschiedenen Anbietern von Versicherungen vergleichen. Oft geben Versicherungsanbieter auch Wechselprämien oder ähnliches heraus, sodass sich der Vergleich und der anschließende Wechsel positiv auf Ihren Geldbeutel auswirken wird! Allgemein können Sie sich daran orientieren, dass es bei einem Neuwagen durchaus sinnvoll ist, eine Vollkaskoversicherung für Ihr Fahrzeug abzuschließen, bei einem Gebrauchtwagen ist meistens eine Teilkasko ausreichend.

Es gibt einige weitere existenzbedrohende Risiken, gegen welche Sie abgesichert sein sollten. Grundlegend ist eine private Haftpflichtversicherung unverzichtbar und bieten einen großen Schutz vor finanziellen Schäden, welche aus selbstverschuldeten Verhaltensweisen resultieren. Hierbei sind im Anschluss dann einerseits die Schäden an Personen, welche durch nicht vorsätzliches Handeln, allerdings durch das eigene schuldhafte Handeln, entstanden sind, abgesichert. Wenn Sie diese nicht haben und aus Versehen einen Menschen schädigen, welcher später ärztlich behandelt werden muss, müssten Sie für diese Kosten aufkommen. Gerade diese Pflegekosten führen häufig zu wirtschaftlichen Notsituationen und die Versicherung ist daher unverzichtbar. Zudem gibt es einige Versicherungsanbieter, bei welchen man nicht jede Person einzeln, sondern zum Beispiel einen ganzen Haushalt sehr kostengünstig mitversichern kann.

Zuletzt schauen wir uns die Berufsunfähigkeitsversicherung genauer an. Diese ist für einige Menschen empfehlenswert. Gerade diejenigen, welche in ihrer täglichen Arbeit von ihrer allgemeinen Arbeitskraft abhängig sind, sollten über diese Versicherung verfügen. Denn wenn man seinen Beruf nicht mehr ausüben kann, ist eine finanzielle Grundversorgung geboten. Grundsätzlich sollten Sie wissen, dass im Fall der Fälle zwischen Erwerbs- und Berufsunfähigkeit unterschieden wird. Ersteres ist ein Teil der Sozialversicherung und diese bietet finanziellen Schutz durch eine Erwerbsunfähigkeitsversicherung. Diese zahlt eine Erwerbsminderungsrente bei Erkrankungen, welche aufgrund eines Unfalls oder sonstiger psychischer Erkrankung verhindert, dass der Beruf weiterhin ausgeübt werden kann. Der Unterschied zur Berufsunfähigkeit ist, dass man bei dieser grundlegend, wenn auch mit Einschränkungen, anderen Tätigkeiten in anderen Berufsfeldern nachgehen könnte. In Deutschland erleidet gemäß der Deutschen Versicherungswirtschaft e. V. jeder vierte Mensch in seinem Leben eine Berufsunfähigkeit. Dabei sind die psychischen Erkrankungen wie Burnout, Depression oder eine Psychose die häufigsten Ursachen. Der Nachteil an dieser Versicherung ist, dass diese relativ teuer bezüglich ihrer monatlichen Kosten ist.

Grundlegend sollten Sie Ihre aktuellen Versicherungen mindestens einmal im Jahr auf den Vergleichsportalen hinterfragen und in den meisten Fällen werden Sie durch finanzielle Einsparungen für diesen Aufwand belohnt.

Doch es gibt neben den Versicherungen der Menschen noch weitere Möglichkeiten, bei denen Sie bares Geld sparen können. Ein weiterer großer Geldfresser sind in der heutigen Zeit die Smartphone- und Internetverträge. Heutzutage zahlen viele Menschen bereits hohe monatliche Summen für den Luxus eines sehr modernen Handys in Kombination mit teuren Verträgen. Grundsätzlich steht die Sinnhaftigkeit eines Smartphones auch außer Frage, denn in der heutigen Zeit bringen diese einige große Vorteile mit sich. Sie fungieren längst nicht mehr nur zum Telefonieren oder für die Kommunikation mit anderen Personen. Längst werden sie dazu verwendet, verschiedene Informationen zu sammeln und dienen der generellen Unterhaltung. Der Platz der Handys ist längst etabliert und wir sind bereit, hohe Summen für dieses zu bezahlen. Allerdings hat sich hier in der Vergangenheit einiges verändert und somit ist es durch die Digitalisierung an beinahe jedem öffentlichen Platz und in Städten möglich, kostenfreie WLAN-Netzwerke zu verwenden. Das oft teuer bezahlte Datenvolumen wird von den wenigsten Menschen noch vollständig ausgereizt. Mit Hilfe verschiedener Apps können Sie Ihren Datenverbrauch einsehen, aber viele Menschen werden es wahrscheinlich nicht einmal bemerken, dass das Datenvolumen in ihrem Vertrag etwas reduziert werden könnte. Aber im Geldbeutel machen sich eben Einsparungen von beispielsweise zehn Euro im Monat auf Dauer bemerkbar.

Darum geht es eben in diesem Abschnitt, dass Sie die Spielräume bei Ihren verwendeten Utensilien im Alltag ausnutzen und somit monatlich ziemlich einfach und ohne sich einzuschränken oder etwas generell zu verändern beachtliche Summen sparen können. Dies macht sich langfristig stark in Ihrem Vermögensaufbau bemerkbar aufgrund des Zinseszinseffektes und Co. – Sie wissen ja, wie viel auch mit beispielsweise 50 Euro im Monat langfristig erreicht werden kann. Gerade bei der Anschaffung Ihrer Geräte können Sie oftmals mit wenig Aufwand und ohne Nachteile Geld einsparen. Hierzu eignen sich spezialisierte Plattformen, welche sich mit der Behebung von Fehlern bei einzelnen Geräten beschäftigen, diese reparieren und wieder kostengünstig, jedoch oftmals mit vergleichbaren Garantien wie bei Geräten aus den uns bekannten Läden, anbieten.

Zudem bieten einige Händler auch B-Waren zum Verkauf an, welche meist nur minimale Kratzer oder Fehler haben, allerdings insgesamt voll funktionsfähig sind. Informieren Sie sich bei Ihrem Internetanbieter und fragen Sie dies aktiv an. Zudem macht es auch immer Sinn, die bestehenden Verträge fristgerecht zu kündigen, um möglicherweise attraktivere Angebote für die gleiche Leistung zu erhalten – ähnlich wie ein

Treuebonus, haben die Anbieter immer Spielräume, welche ausgenutzt werden sollten. Zudem macht es oft auch Sinn, das eigene Heiminternet mit dem Handyvertrag zu kombinieren. Denn somit profitiert gegebenenfalls der Internetanbieter von höheren Einnahmen durch die Bereitstellung des Internets und meistens können hierfür wiederum Prämien ausgezahlt werden, sodass sich dort auch schnell monatlich Kosten einsparen lassen.

Eine weitere potenzielle Quelle, bei welcher man oft sehr einfach Geld einsparen kann, sind die Abonnements verschiedener Services und Dienstleistungen. Hierbei haben sich längst die Abo-Modelle rund um Netflix, Amazon Prime, Sky und Co. durchgesetzt. Wir sind häufig bereit, uns die Unterhaltungsmöglichkeiten teuer zu holen und zahlen monatlich relativ hohe Summen für teilweise kaum genutzte Abos. Hinterfragen Sie die Sinnhaftigkeit einzelner Abonnements und setzen Sie sich mit deren Richtlinien auseinander. Oftmals ist es möglich, dass Sie sich zum Beispiel einen Account mit anderen legal teilen und dadurch einfach Geld einsparen können, ohne den Service zu verlieren.

Abschließend sollten Sie Ihre Ausgabequellen grundlegend bezüglich Ihres persönlichen Nutzens hinterfragen. Anschließend macht es immer Sinn, sich Angebote von verschiedenen Anbietern einzuholen und letztlich zu vergleichen. Gegebenenfalls macht es Sinn, bei Ihren jeweiligen Ansprechpartnern um Vergünstigungen zu bitten und möglicherweise immer fristgerecht Ihre jeweiligen Verträge zu kündigen. Dadurch erhalten Sie oft Prämien oder ähnliches, welches sich letztlich im Geldbeutel bemerkbar macht. Ihre Gegenüberstellung von Ausgaben und Einnahmen sollten Sie mindestens alle sechs Monate einmal vornehmen und mit denen aus der Vergangenheit vergleichen. Langfristig werden Sie die Vorteile im Geldbeutel feststellen und Ihren Vermögensaufbau weiter beflügeln.

Psychologie und Börse

Der Handel an der Börse hat massive Auswirkungen auf die menschliche Psyche. In der Fachsprache ist oft die Rede davon, dass sich die Menschen, welche sich am spekulativen Kapitalmarkt beteiligen, sich mit ihrer eigenen Tradingpsychologie auseinandersetzen müssen. Die noch sehr junge Wissenschaft erhält in der Fachbranche eine steigende Aufmerksamkeit.

Grundsätzlich beschäftigt sich die Tradingpsychologie mit der Wahrnehmung und Verarbeitung von Informationen, welche in der Verbindung mit bestimmten Finanzprodukten stehen. Dabei führt die Entstehung der Wissenschaft in die achtziger Jahre zurück. Damals entstand in den USA aus der Kombination aus traditionellen wissenschaftlichen Untersuchungsmethoden mit den Fachkenntnissen aus der Psychologie diese Wissenschaft. Das Ziel war es, Erkenntnisse über die Beweggründe der Handlungsaktivitäten der Anleger an der Börse in Erfahrung zu bringen. Sobald Sie an der Börse aktiv werden, stellen Sie rasch fest, welche Auswirkungen der Kapitalmarkt auf Ihre Psyche haben wird.

Letztlich ist es für die Anleger grundlegend wichtig, die eigene Tradingpsychologie unter Kontrolle zu haben und nicht aus unüberlegten Stimmungen schwerwiegende Handlungsentscheidungen zu treffen. Dies ist ein wichtiger Faktor, welcher über Erfolg und Misserfolg entscheidet. Die Aufgabe von uns als Investor ist hierbei, uns selbst und unsere Denkmuster bzw. eigenen psychologischen Abläufe kennenzulernen. Allerdings ist dies längst nicht ausreichend, denn wir müssen uns das Ziel setzen, dass wir bei unseren Aktivitäten an der Börse keine subjektiven Entscheidungen treffen, sondern uns stetig über unsere Emotionen und Risiken, welche daraus entstehen können, bewusst sind. In der Finanzforschung hat sich in der Vergangenheit oftmals herausgestellt, dass einige Anleger ihre Anlageentscheidungen aufgrund unbewusster

Verhaltensweisen und Emotionen heraus vollziehen und dabei hohe Risiken eingehen bzw. übersehen. Dabei entstehen durch unsere irrationalen Entscheidungen langfristige Probleme, welche wir in diesem Moment ausblenden. Denn wir Menschen sind anfällig dafür, dass wir unsere Handlungsentscheidungen aufgrund von Gier, Wut oder auch Angst treffen und dabei schwerwiegende Fehler bezüglich unserer Handlungen am Kapitalmarkt treffen.

Gerade Einsteiger an der Börse sind oft vom Wunsch nach schnellem Geld angetrieben und sind der Überzeugung, dass ihre hohe Risikobereitschaft automatisch zu hohen Gewinnen führen wird und der Reichtum die Belohnung für das eingegangene Risiko ist. So entstehen schnell kognitive Verzerrungen, also falsche bzw. nicht an der Realität orientierte Wahrnehmungsfehler an der Börse. Zum Beispiel gehen einige Anleger nach gut gelaufenen Investitionen, bei welchen sich hohe Risiken ausgezahlt haben, davon aus, dass sie nun den Markt verstanden haben und sozusagen die eigenständige Kontrolle über den Erfolg ihres Vermögensaufbau haben. Bisher gingen die Rechnungen bei wahrscheinlich noch keiner Person in dieser Form auf und es standen fast immer hohe Verluste bevor. Die Folge von Verlusten ist dann oft der Verlust des eigenen Sicherheitsgefühls und die Folge ist dann die Steigerung des Risikos. Dieser Kreislauf soll grundsätzlich verhindert werden und durch die Ihnen bekannten risikoverringernden Maßnahmen eingegrenzt werden. Grundsätzlich müssen Börsianer ein standfestes und krisenresistentes Mindset an den Tag legen, um langfristig erfolgreich zu sein. Steuern Sie sich und Ihre Handlungsaktivitäten und halten Sie Ihre zu Beginn festgelegten Risikogrenzen aus Ihrem selbst erstellten Risikoprofil ein und werfen Sie niemals Ihre Grundüberzeugungen über Bord. Um auch in Krisenzeiten einen kühlen Kopf zu behalten, machen Sie sich bewusst, dass Sie an der Börse zu irgendeinem Zeitpunkt lernen müssen, dass Sie gemachte Verluste akzeptieren müssen.

Lernen Sie Ihre Reaktionsmuster auf Ihre Emotionen kennen und möglicherweise könnte das Führen eines Tagebuchs für die Auswertung Ihres Verhaltens von Nutzen sein. Dokumentieren Sie Ihre Handlungsaktivitäten und notieren Sie sich Ihr emotionales Wohlbefinden. Steht dieses in der Ungeraden, dann müssen Sie etwas ändern. Grundsätzlich kann es für Sie wichtig sein, dass Sie auch in der Lage sind, den eigenen Stresslevel zu erkennen. Durch das Erlernen von stresssenkenden Methoden können Sie sich selbst und Ihrer Psyche etwas Gutes tun. Hierfür gibt es einige Möglichkeiten, welche gerade von erfahrenen Börsianern bereits aus präventiven Gründen getan werden, um sich nicht von ihren grundlegenden Strategien in unsicheren bzw. unruhigen Zeiten an der Börse verunsichern zu lassen.

Eine Umsetzungsmöglichkeit von erfahrenen Börsianern, wie sie sich selbst und vor allem ihre Emotionen kontrollieren können, ist das autogene Entspannungstraining des Psychiaters und Psychotherapeuten Professor Johannes Heinrich Schultz. Dieser hat das didaktisch gegliederte Verfahren zur „konzentrativen Selbstentspannung" erstellt, welches sich in die drei folgenden Übungs- und Trainingsteile untergliedert. Zum einen in die sechs Unterstufen-Übungen, welche als psycho- bzw. physiologische Standardübungen bekannt sind. Dann kommen die Oberstufen-Übungen, welche als meditative Übungen bekannt sind und letztlich die speziellen Übungen. Ein Vorteil der autogenen Entspannungsübungen ist, dass Sie die Übungen ohne eine weitere Person oder sonstige Hilfsmittel ausüben können.

1. Zunächst geht es um die Einstellung der Beine. Dabei setzen Sie sich zunächst völlig normal auf einen Stuhl. Dann stellen Sie Ihre Beine ungefähr schulterbreit vor sich auseinander, wobei die Fußsohlen flach auf den Boden gelegt werden sollen und die Oberschenkel sich in einem rechten Winkel befinden.

2. Danach konzentrieren Sie sich auf Ihre Arme und allgemeine Körperhaltung. Dabei richten Sie Ihren Rücken gerade auf und beugen im Anschluss Ihren Oberkörper leicht nach vorne. Ihre Arme sollen hierbei entspannt seitlich hängen und nun fangen Sie mit einer leichten Pendelbewegung mit Ihrem Oberköper nach vorne und hinten an.

3. Nun kommt es zum sogenannten Zusammensinken, welches im Anschluss an Ihre abgeschlossene Pendelbewegung Ihres Oberkörpers anschließt. Ihr Oberkörper soll nun leicht nach vorne gebückt einknicken und Ihre Augen werden geschlossen.

4. Wenn Sie Ihre Augen geschlossen haben, zielen Sie nun darauf ab, dass Sie Ihren eigenen Ruhepunkt finden. Ihre Augen bleiben hierbei geschlossen und Ihre Arme hängen entspannt neben Ihrem Körper. Sie fangen nun wieder die leichten Pendelbewegungen an und zielen dabei auf die Suche Ihrer eigenen Ruhepunkte in Ihrer Körpermitte ab. Wenn Sie diesen gefunden haben, verharren Sie in dieser Position und konzentrieren sich nun auf Ihre Atmung. Sie atmen dabei durch die Nase ein und durch den Mund aus. Dabei entscheiden Sie selbst, wie lange Sie in der jeweiligen Position bleiben möchten. Finden Sie Ihren Ruhepunkt und die eigene Körpermitte und nehmen Sie sich die Zeit, einmal wirklich ruhig durchzuatmen.

Durch das autogene Training haben Sie eine Methode, wie Sie in unruhigen Marktphasen zwischenzeitlich wieder klare Gedanken fassen können. Dabei dient das Training gleichzeitig der allgemeinen Psychohygiene und der Prophylaxe, diese in einem positiven Rahmen beizubehalten.

Allgemein haben wir Menschen das Bedürfnis, stets alles unter Kontrolle zu haben. Dieser innerliche Trieb wird uns phasenweise an der Börse genommen und daraus resultieren schädliche Verhaltens- und Denkmuster, welche uns zu unüberlegten Marktentscheidungen bringen. Hilfreich ist, dass Sie sich selbst stetig weiterbilden und Ihre Kenntnisse über den Finanzmarkt eigenständig ausbilden und dies nicht ausschließlich einem Freund oder auch Experten überlassen. Denn durch das Bilden eigener Erfahrungen und Kenntnisse werden Sie Ihr Gefühl bei einem Kontrollverlust besser einordnen können und letztlich somit auch in unruhigen Marktphasen einen kühlen Kopf behalten.

Allgemein müssen Sie an der Börse lernen, dass Sie letztlich keine Kontrolle über die genauen Abläufe und Entwicklungen der Kurse haben und wer glaubt, den Markt verstanden zu haben bzw. detaillierte Prognosen über die genauen Entwicklungen geben zu können, wird früher oder später scheitern. Deshalb ist Ihre grundsätzliche Diversifikation so wichtig und wird Ihnen das nötige Sicherheitsgefühl geben, sodass Sie langfristig lernen werden, Ihre Emotionen kontrollieren zu können und aufgrund eines angepassten Risikoprofils mit den Schwankungen einen Umgang lernen.

Basics, die Sie nicht außer Acht lassen sollten

An der Börse ist es von großer Bedeutung, dass Sie sich eigene Grundregeln setzen, welche Sie unter keinen Umständen im alltäglichen Handel umgehen oder verändern. Entwickeln Sie Ihr eigenes Handelssystem mit eigenen Regeln, welche Ihnen bei Ihren Aktivitäten an der Börse die nötigen Grundstrukturen aufweisen. Letztlich können nur Sie diese für sich bestimmen und durch ein schriftliches Festhalten Ihres Handelsplanes werden Sie in hektischen Marktphasen daran erinnert, an welche Regeln Sie sich halten wollten. Zudem können Sie bei einem späteren Hinterfragen Ihrer Handelsregeln diese besser überprüfen und Veränderungen mit Begründung notieren, um somit qualitativ diese langfristig weiter voranzutreiben.

Des Weiteren gilt es, an der Börse nicht nur seine persönlichen Kenntnisse und Fähigkeiten bezüglich des Finanzwesens zu stärken, sondern es geht in einem relativ großen Rahmen auch um die allgemeine Weiterentwicklung Ihrer Persönlichkeit. Für Ihren Erfolg an der Börse ist es wichtig, dass Sie sich und Ihre Überzeugungen und emotionalen Reaktionen erkennen und Ihre Denkmuster kontrollieren können. Ansonsten werden Sie sehr schnell anfällig für unüberlegte und irrationale Entscheidungen sein. Dies gilt es zu vermeiden und die eigenen Verzerrungen in Ihrer Wahrnehmung nicht einfach beiseitezuschieben, sondern sie zu erkennen und mit diesen zu arbeiten.

An der Börse müssen Sie nach der Erstellung Ihres Handelsplanes stets eine gewisse Anpassungsfähigkeit mitbringen. Allerdings sollten Sie niemals außer Acht lassen, dass man am Kapitalmarkt meist für Kontinuität und einen langen Atem belohnt wird. Es gilt, ein Maß an Anpassung zu entwickeln, sodass Sie Investitionen, welche sich im Laufe der

Zeit ins Negative verändern, nicht weiter besparen, sondern gegebenenfalls, wenn sich die Zukunft der Anlage wahrscheinlich nicht verbessern wird, Sie dann die Investition abbrechen und gemachte Verluste akzeptieren. Dies ist generell wichtig und Sie werden merken, wie sich verbuchte Verluste auf Ihre Emotionen auswirken wird. Während der eine denkt, schnell die gesamte Anlage zu verkaufen, um nicht noch weiter ins Minus zu geraten, so kaufen andere Menschen weitere neue Anlagen, damit sie die gemachten Verluste durch ein höheres Risiko wieder gut machen.

Wenn Sie in einen ETF investieren, welche beispielsweise eine Branche abbildet, dann sollten Sie bei Verlusten grundsätzlich einen kühlen Kopf bewahren. Halten Sie sich gerade als Einsteiger an Ihren Handelsplan und besparen Sie einfach weiter. Denn in den meisten Fällen werden zwischenzeitlich starke negative Schwankungen durch den Cost Average Effekt und eine allgemeine positive Marktphase wieder ausgeglichen. Grundsätzlich gilt jedoch, dass Sie sich über die zukünftigen Entwicklungen der Branche Gedanken machen sollten. Wenn Sie davon überzeugt sind, dass sich diese langfristig positiv entwickeln wird, können niedrige bzw. schlechte Kurse einen guten Einstiegspunkt bieten, um möglicherweise für das gleiche Geld mehr Anteile zu erhalten.

Die Zukunft der Finanzbranche

Nun werfen wir einmal den Blick in die Richtung in der Zukunft, in eine Zeit nach Corona und diese wird kommen. Die Welt hielt den Atem an, als Anfang des Jahres 2020 die globale Pandemie eintraf. Viele Menschen verloren ihr Leben, ihre Existenz, Job und vieles weitere veränderte sich sehr stark. Die langfristigen Folgen bleiben aktuell jedoch noch unerforscht, allerdings wird sich einiges im gesellschaftlichen Denken wohl verändern. Einige Menschen haben ein größeres Bedürfnis nach Sicherheit und vor allem auch finanzieller Absicherung entwickelt. So kommt es zu einem Zuwachs an Anlegern an den Börsen und gerade die jüngeren Generationen nehmen sich den eigenen Vermögensaufbau relativ frühzeitig zu Herzen, um auch im Alter ein abgesichertes Dasein und einen sorgenfreien Lebensausklang zu haben. Dafür benötigt es Weitsicht und eine clevere Haltung gegenüber dem Thema der Finanzen.

An der Börse machte sich die Pandemie stark bemerkbar und die Kurse purzelten rapide nach unten. Dies sorgte für mutige Anleger zu sehr niedrigen Einstiegschancen und guten Gelegenheiten, das eigene Geld gewinnbringend anzulegen. Eine verrückte Zeit spielt sich an den Kapitalmärkten ab. Denn während es der allgemeinen Wirtschaft in vielen Branchen sehr schlecht geht und einige Firmen wohl Insolvenz anmelden müssen, profitieren vielerorts die Anleger an den neu erreichten Kurshöhen des DAX30 und vielen weiteren Werten an der Börse.

Es entstanden durch Corona auch wahre Gewinner in der Krise, welche aufgrund der ausfallenden Geschäfte anderer neue Zuwächse an Kunden erreichten. So schossen die Verkaufszahlen auf Plattformen wie Amazon, Apple und Co. während der Pandemie durch die Decke. Die großen Firmen werden wohl langfristig die kleineren Unternehmen überrollen und letztlich gilt das Motto „Survival of the fittest" so stark wie nie zuvor. Es entstehen neue Effekte rund um Monopolstellungen von Firmen wie Amazon, welche aufgrund ihrer grundsätzlichen Größe den Markt wohl immer weiter für sich beanspruchen werden und letztlich durch bessere Konditionen und Netzwerke kleinere Unternehmen vom Markt verdrängen werden.

Die Börse handelt die Zukunft und dort wird es einige interessante Branchen geben, welche langfristig ihren Platz in der Gesellschaft behalten werden und in diese wird es wohl aus der Sicht von Investoren auch langfristig zu guten Kaufgelegenheiten kommen. Der erste Sektor, welchen wir uns etwas genauer ansehen werden, ist die Gesundheitsbranche. Diese steht wohl insgesamt einer rosigen Zukunft gegenüber. Denn die Menschen entwickeln ein stetig größeres Interesse an diesem Thema und der gesellschaftliche Wandel hin zur Förderung der eigenen Gesundheit macht sich stetig weiter bemerkbar. Die Branche boomt und damit sind längst nicht mehr nur die Hersteller von Impfstoffen und Co. gemeint. Die Pharmaindustrie profitiert vom Interesse der Menschen an der Gesundheit und einem allgemein hohen Wohlbefinden. Durch die Erweiterung der Kenntnisse der Menschen bezüglich ihrer Gesundheit, Ernährung und Co. steigt die Lebenserwartung und das Interesse sowie die wissenschaftliche Weiterentwicklung in der Branche wird wohl langfristig ihren Platz in der Gesellschaft und auch an der Börse beibehalten können.

Ein weiterer Sektor, der uns wohl langfristig begleiten wird, ist die Branche der erneuerbaren Energien. Durch die Pandemie geriet eine andere globale Krise etwas in den Hintergrund, die Rede ist vom Klimawandel, welcher in einem so schnellen Tempo vorangeht, dass die Menschheit einem immer größeren Risiko gegenüberstehen und dass wir diesen nicht mehr kontrollieren können. Die Politik versucht bereits

Maßnahmen einzuleiten, welche der negativen Entwicklung entgegenwirken sollen, allerdings sind die bisherigen Vorkehrungen bei weitem nicht ausreichend und das Tempo der negativen Entwicklung längst nicht angemessen reduziert. Immer mehr Unternehmen erkennen jedoch das grundsätzliche Interesse der Menschen und nehmen die wissenschaftliche und technologische Weiterentwicklung der erneuerbaren Energien und umweltschonenderen Vorgehensweisen auf. Die Auto- und Softwarebranche nimmt Fahrt in Richtung der E-Mobilität weiter auf. Durch Menschen wie Elon Musk und dessen Firmen wird die Branche rasch vorangetrieben und durch die immer fortschreitenden Möglichkeiten wird der Markt wohl langfristig den Interessen der Menschen nachgeben müssen und sich allgemein etwas verändern.

Eine weitere Branche, welche sich möglicherweise langfristig als lohnend erweisen könnte, wäre die der künstlichen Intelligenz. Denn die technologischen Fortschritte in unserer Zeit schreiten massiv voran. Immer mehr Arbeiten werden automatisiert von Robotern übernommen, wodurch einerseits langfristig Kosten gespart und menschliche Fehler vermieden werden, andererseits allerdings auch Arbeitsplätze verloren gehen. Grundsätzlich befindet sich der Sektor jedoch im Aufschwung und wird auch in der Zukunft noch weiter voranschreiten. Die Branche steht als Symbolbild für die Weiterentwicklungen in vielen Unternehmen und wird wohl langfristig noch weiter anwachsen. Letztlich müssen Sie entscheiden, wohin die Entwicklungen an den Finanzmärkten gehen werden. Allerdings befinden wir uns gerade in einer interessanten Marktphase mit vielen großen Potentialen und Risiken an der Börse. Aus diesem Grund werden sich wohl gerade die Investitionen auszahlen, welche breit diversifizieren und dadurch überschaubare Risiken bei attraktiven Renditen erwirtschaften werden. Lassen Sie sich nicht einschüchtern von den Geschehnissen an den Märkten, sondern entwickeln Sie sich stets mit ihnen weiter und so werden Sie definitiv für Ihren langen Atem an der Börse belohnt werden.

Abschluss: Mit ETFs den eigenen Vermögensaufbau schaffen!

Jetzt geht es auf das Ende zu, allerdings heißt dies für Sie, dass es jetzt erst so richtig losgeht. Die Reise hin zum eigenen Vermögensaufbau und an die Börse. Hierfür ist es unumgänglich, dass Sie generell einen bewussten Umgang mit Ihrem Vermögen haben. Grundsätzlich ist eine finanzielle Absicherung gerade in Zeiten der Unsicherheiten aufgrund der Corona Pandemie von so großer Bedeutung wie nie zuvor.

Dabei erscheint leider immer noch vielen Menschen die Börse als zu riskant und unsicher, allerdings ist es auch hier möglich, durch verschiedene Methoden, welche Sie beim Thema des Risikos erlebt hatten, allgemein ein vertretbares Verlustrisiko zu haben. Besonders zu erwähnen ist die Diversifikation, welche in früheren Zeiten meist nur von denjenigen vollzogen wurde, welche sowieso schon ein großes Vermögen haben.

Aber es gibt eine geschickte und vor allem sehr preisgünstige Lösung, wie Sie dies erreichen können – ETFs!

Durch die Abbildung beispielsweise einer Branche oder Sektors ist es auch denen möglich, welche über sehr geringe Kapitalsummen verfügen. Es ist uns Privatanlegern möglich, dass wir bereits ab einem Euro an der Börse aktiv werden können. Somit entfallen Ausreden, den Weg an die Kapitalmärkte von sich weg zu schieben und je früher Sie aktiv werden, desto besser. Denn es gilt die Faustregel, dass Sie für jedes einzelne Anlagejahr die möglichen Verlustrisiken verkleinern.

Wer einen langen Atem mitbringt, wird belohnt und an der Börse können auch diejenigen mit einem kleinen Geldbeutel durch Effekte wie den Zinseszinseffekt langfristig profitieren. Zudem kommt, dass die Möglichkeit, durch einen Sparplan den Vermögensaufbau anzugehen, das Anlegen mit einem sehr geringen Aufwand bewerkstelligt werden kann. Allgemein ist der Weg an die Börse gerade für einen langfristig ausgelegten Anlagehorizont sinnvoll und gerade für diejenigen, die planen, ihr Vermögen über zehn Jahre anzulegen, sind die Risiken wirklich überschaubar.

Das Schöne am Vermögensaufbau und Handel an der Börse durch ETFs ist dabei, dass man das teilweise wirklich sehr komplexe Thema der Finanzwelt nicht vollständig durchblicken muss. Die Grundlagen haben Sie hier kennengelernt und diese sind für den Beginn ausreichend, um starten zu können. Zudem kommt, dass es gerade beim Sparen mit einem Sparplan in einen ETF auch zu Beginn durch den Cost Average Effekt in Kombination mit einer zumeist ausreichenden Diversifikation zu einem wirklich überschaubaren Risiko kommt. Dies soll Sie absolut nicht in die Richtung bringen, dass Kenntnisse über Finanzen und den Vermögensaufbau nicht wichtig sind - ganz im Gegenteil. Es ist innerhalb einer gewissen Tiefe nicht möglich, ohne Wissen zu agieren. Allerdings ist der Aufbau dieser Kenntnisse langwierig und wenn Sie in sinnvollen Sparraten Ihren Vermögensaufbau beginnen, haben Sie das vorerst Schwerste geschafft – den Anfang. Denn an der Börse ist aller Anfang gar nicht so schwer, wie man vermutet.

Ein weiterer wichtiger Vorteil ist, dass wir im Rahmen der Digitalisierung einen sehr leichten Zugang zur Börse erhalten. Das Erstellen eines eigenen Depots funktioniert reibungslos und innerhalb weniger Minuten sind die grundsätzlichen Formalitäten meist erledigt. Des Weiteren ist es uns möglich, vom Sofa aus an Informationen und Fachexpertisen zu kommen. Denn einige Experten legen ihre Kenntnisse in den sozialen Medien auf ihren jeweiligen Kanälen offen und teilen ihr Wissen. Dabei ist der Zugang zu den Informationen meist kostenlos und somit gerade für Menschen mit einem geringen Kapital passend. So können Sie bereits mit einem schnellen Umherklicken im Internet auf wertvolle Informationen treffen. Dabei sollten Sie sich jedoch unter keinen Umständen auf irgendwelche dubiosen Werbungen oder sonstige Versprechungen einlassen. Konzentrieren Sie sich auf das Erhalten von Grundlagenwissen. Sie werden unfreiwillig jedoch früher oder später damit konfrontiert werden, dass Ihnen unseriöse Internetseiten vorgeschlagen werden, auf welche Sie in keinem Fall eingehen sollten. Geben Sie absolut nirgendwo Ihre privaten Daten oder sogar Zugangsdaten preis.

Leider werden Sie in den Medien auch immer wieder damit konfrontiert, dass es wohl in den folgenden Generationen zu weiteren Senkungen der Renten kommen wird und da ist leider etwas dran, nicht so wie beim versprochenen schnellen Reichtum der Betrüger im Internet. Denn die Rente in Deutschland wird durch ein sogenanntes Umlagesystem gestaltet. Dies bedeutet, dass die jeweiligen Rentenzahlungen sich aus der Verrechnung der von den Arbeitnehmern und -gebern bezahlten Lohnsteuer ergeben. Diese ist dabei abhängig von der Höhe des Lohnes der Menschen. So könnte man fälschlicherweise denken, dass sich die Rente gemeinsam mit der Höhe des Lohnes entwickelt, allerdings ist das nicht eins zu eins der Fall. Zwar steigt die Rente mit einem steigenden Gehalt mit an, aber durch die höheren sonstigen Steuerabgaben „verlieren" die Arbeitgeberanteile, welche Sie in Ihre Rente einzahlen könnten. Dies wird in der Politik als Nachhaltigkeitsfaktor beschrieben, durch welchen letztlich die Rente ansteigt, allerdings eben nicht im gleichen Maß wie das Gehalt steigt. Grundsätzlich steigt die Lebenserwartung der Menschen immer weiter an und die Gesellschaft altert. Dadurch verschieben sich letztlich auch die Ausgangslagen zwischen den zahlenden und empfangenden Menschen. Denn die fehlenden Einnahmen der Rentenkassen bzw. der für diese höher werdende Kostenaufwand muss ausgeglichen werden durch die steigende Zahlung der steuerlichen Abgaben durch Menschen mit höheren Gehältern.

Doch in der Politik werden einige weitere Vorkehrungen getroffen, damit die Menschen, welche heute in die Rentenkassen einzahlen, auch wirklich Renten erhalten. Deshalb gibt es eine Zusicherung für die Menschen, dass sie 48 Prozent ihres durchschnittlichen Einkommens als Rente erhalten, wenn sie mindestens 45 Jahre in die Rente eingezahlt haben. Eine ganz schön lange Zeit, welche sich aufgrund der steigenden Lebenserwartung der Menschen begründen lässt.

Denn gemäß der Bundeszentrale für politische Bildung werden die Generationen, welche gerade zwischen 40 und 50 Jahren alt sind, später bereits deutlich älter als in früheren Zeiten. So haben Männer eine durchschnittliche Lebenserwartung von 84 Jahren und Frauen von 89 Jahren in der Zukunft. Interessant ist, dass bereits in der heutigen Zeit über 20 Prozent der deutschen Bevölkerung über 65 Jahre alt sind und deren Anteil auch in Zukunft noch steigen wird. Im Allgemeinen beträgt eine durchschnittliche Rente für Angestellte, welche über 45 Beitragsjahre in die Rentenkassen einzahlten, bei ca. 1500 Euro monatlich. Allerdings haben wohl nur die Wenigsten wirklich die Beitragsjahre vollständig abgeschlossen und so liegen die Renten im Westen bei nur 850 Euro und im Osten bei nur 1075 Euro im Durchschnitt pro Monat. Denn gerade die Frauen haben im Westen beispielsweise nur 28 Jahre und die Männer 40 Jahre lang eigezahlt. Wirft man einen Blick in den Osten, so fallen die Zahlen etwas besser aus, denn dort kommen die Männer tatsächlich auf 45 Jahre und die Frauen auf 41 Beitragsjahre. Allerdings bezieht sich die heutige Absicherung der Politik darauf, wenn die Menschen mit einer Vollzeitstelle in die Rentenkassen eingezahlt haben und die hier genannten Jahre beziehen sich auf generelle Einzahlungen, allerdings nicht nur auf Vollzeitstellen.

Dies soll Ihnen alles keine Angst machen bzw. eine unsichere Zukunft voraussagen, sondern viel mehr die Bedeutung eines frühzeitigen Vermögensaufbaus verdeutlichen. Denn das Thema der Altersarmut und einer allgemeinen nicht ausreichenden Grundrente wird auch in der Zukunft noch von großer Bedeutung sein. Es wird sich langfristig klar zeigen, dass es einigen Menschen in den Ballungszentren nicht mehr möglich sein wird, dort ihren Hauptwohnsitz halten zu können. Denn die Mitpreise in Städten wie München, Frankfurt, Berlin und Co. steigen so rasant an, dass sich bereits heutzutage einige Menschen ihre langjährigen Mietwohnungen nicht mehr leisten können, weshalb sie in günstigere Stadtteile umziehen müssen. Allgemein wird das wohl zu Unzufriedenheit bei den Menschen führen und diese gilt es politisch unter Kontrolle zu behalten und einen Kollaps des Systems zu verhindern.

Zudem kommt, dass aktuell über 15 Prozent der deutschen Bevölkerung unter der Armutsschwelle bezüglich ihres Gehaltes liegen. Dabei fallen unter die armutsbedrohte Gesellschaft diejenigen, welche unter 60 Prozent des durchschnittlichen Einkommens in Deutschland zur Verfügung haben. Dieses liegt bei einem Singlehaushalt bei 1300 Euro netto und bei Paaren bei knapp 2000 Euro netto im Monat. Allerdings möchte ich Ihnen hierbei Hoffnung machen, denn Sie haben ja bereits gelernt, dass Sie selbst mit 25 Euro monatlich über einen Zeitraum von 25 Jahren bei einer jährlichen Rendite von 7 Prozent fast 19.000 Euro Vermögen am Ende aufbauen können.

Dies soll Ihnen Mut machen und aufzeigen, dass es heutzutage auch mit geringem Vermögen möglich ist, langfristig an der Börse Geld zu verdienen. Zusätzlich bieten ETFs aufgrund ihrer Simplizität die Möglichkeit, dass Sie passiv, diversifiziert und mit einem wirklich geringen Aufwand langfristig profitieren können. Legt eine Familie monatlich ihren Kindern Geld an und lässt dies ab der Geburt laufen, kann das Überwinden der nach wie vor bestehenden Ständegesellschaft funktionieren. Lassen Sie sich niemals unterkriegen, verändern Sie Ihre aktuelle Lebenssituation und beginnen Sie Ihren Weg zur finanziellen Absicherung durch ETF an der Börse.

Sehen Sie Ihren Weg zur Erfüllung Ihrer Bedürfnisse bzw. Wünsche nicht als einen Marathon, welchen Sie aufgrund Ihrer Kenntnisse unbedingt als Erstes beenden wollen. Der Anspruch eines Einsteigers muss viel mehr sein, loszulaufen und lieber den Weg sehr langsam zu gehen, als ihn niemals zu beginnen. Eine große Anzahl der Menschen schieben den Start jedoch vor sich her und fangen ihn letztlich niemals an. Gehören Sie nicht zu diesen Leuten, setzen Sie sich damit auseinander und laufen Sie los. Sie werden schnell von weiteren Effekten profitieren und möglicherweise auf dem Weg andere Teilnehmer kennenlernen. Mit diesen können Sie sich austauschen und möglicherweise den ein oder anderen sinnvollen Rat erhalten, sodass es Ihnen möglich ist, das Tempo zu Ihren Zielen zu erhöhen. Bilden Sie sich selbst zum Experten weiter und machen Sie Ihre eigenen Fortschritte. Es geht an der Börse wohl nicht um die neue Erfindung des Rades, sondern darum, den Weg unter Einbezug der Erfahrungen anderer etwas entspannter zu gehen. Wer hinfällt, steht wieder auf und läuft weiter. So werden auch bei Ihnen möglicherweise die Kurse früher oder später nach unten purzeln, allerdings werden sie langfristig auch wieder ansteigen. Wie eine Zerrung wird es Sie auf Ihrem Weg zwar bremsen, allerdings nach einiger Zeit nicht mehr aufhalten. Jetzt geben Sie Gas und machen Sie sich auf Ihren Weg zur Erfüllung Ihrer Bedürfnisse. Denken Sie daran, einen langen Atem mitzubringen und wenn nötig schnaufen Sie einmal in Ruhe durch, aber dann gehen Sie weiter. Mit den heute zur Verfügung stehenden Möglichkeiten kann es anders als in früheren Zeiten jeder schaffen, seinen persönlichen Weg an den Kapitalmärkten zu gehen. Lernen Sie aus der Vergangenheit und bilden Sie sich kontinuierlich weiter.

> Wie sagte es Warren Buffet, eine der renommiertesten Börsianer in der Geschichte der Märkte: „Du musst kein Raketenwissenschaftler sein. Das Investieren in Aktien ist kein Spiel, bei dem derjenige mit einem IQ von 160 denjenigen mit einem IQ von 130 schlägt." Fangen Sie an, denn meist ist aller Anfang gar nicht so schwierig wie befürchtet.

Quellen

- https://www.dai.de/
- https://www.nextmarkets.com/de/handel/glossar/wertpapiere
- https://www.moneyland.ch/de/nullzinspolitik-definition
- https://www.ginmon.de/wiki/rezession/
- https://www.allgaeu-klimaschutz.de/klimaschutz-kindgerechte-erklae-rung.html
- https://www.destatis.de/DE/Themen/Querschnitt/Demografischer-Wan-del/_inhalt.html
- https://www.destatis.de/DE/Themen/Arbeit/Verdienste/FAQ/gender-pay-gap.html
- https://www.boerse.de/boersenlexikon/Boerse
- https://www.manager-magazin.de/finanzen/boerse/politik-laesst-boersen-rumpeln-wohl-nicht-zum-letzten-mal-a-1303495.html
- https://www.gevestor.de/details/die-11-bekanntesten-boersenweisheiten-von-andre-kostolany-761914.html
- https://www.finanztreff.de/wissen/indizes/was-sind-indizes/6751
- https://boersenlexikon.faz.net/definition/emittent/
- https://www.yumpu.com/de/document/read/4500913/pdf-broschure-deutsche-borse-blue-chip-indizes-dax-indicescom
- https://www.boerse.de/aktienbrief-kostenlos-lesen?vari-ante=5&page=1&linknr=65475
- https://www.finanzfluss.de
- www.deutsche-rentenversicherung.de

Wir danken Ihnen für Ihr Interesse und Ihr Vertrauen. Als Dankeschön dafür, haben wir eine besondere Überraschung. Wir haben einen **ultimativen Leitfaden für Einsteiger ins Aktien- und Börsengeschäft** für Sie. Und dieses erhalten Sie vollkommen kostenlos. Das klingt wunderbar? Dann warten Sie nicht lange und holen Sie sich Ihr Gratis-Geschenk.

Hier geht es zu Ihrem Gratis-Geschenk:

https://forms.gle/gduy3doWN5ejuaub9

1. **Öffnen Sie die Kamera-App auf Ihrem Smartphone und richten Sie die Kamera auf den QR-Code.**
2. **Klicken Sie auf den Link, der Ihnen angezeigt wird und schon werden Sie zur Website weitergeleitet.**

Impressum

Verlag: Orbita Media Verlag GmbH & Co. KG / Ericusspitze 4 / 20457 Hamburg / Deutschland
Website: https://orbita-media.de
Cover Image: Shutterstock
ISBN: 9783989358584

www.ingramcontent.com/pod-product-compliance
Lightning Source LLC
La Vergne TN
LVHW010817051026
849532LV00007B/2560
* 9 7 8 3 9 8 9 3 5 8 5 8 4 *